DIVE INTO JAPANESE LANGUAGE

WEEKLY J

日本語に挑戦！

for Starters 1

WEB 配信音声 MP3

はじめに

近年、学習者の多様化が進み、私たちの学校にはいわゆる欧米型語学留学の学習者が増えています。欧米型語学留学とは、留学ビザを取得して来日する長期留学ではなく、大学生、高校生、ビジネスマン、起業家、旅行者などが数週間単位での語学学習を目的に在籍する留学の形態です。私たちは、そのような学習者のために、その日その日の目標、つまり「今日の授業で何ができるようになるのか（Can-do statements）」ということが明確なカリキュラムを準備し、それに合わせた教材を作成しながら授業を行ってきました。そしてその試行錯誤の過程を経て、この度、テキストの完成に至りました。

このテキストの考え方の基本になっているのはCEFR（Common European Framework of Reference for Languages）で、学習者と受け入れ側の学校・教師が共通のスケールを持つことによって、母国や他の教育機関での学習を継続して行えるようになりました。

このテキストは、CEFRで言うところのA1の学習者をターゲットに、コミュニケーション能力を伸ばすことに重点を置いて、「勉強したけれど話せない」「文法は知っているけれどいつ使ったらいいかわからない」「自然な日本語って何？」と思っている人が短期間で会話ができるようになることを目指したテキストです。

ですから、海外から日本に留学する人のみならず、学習背景が多様な日本在住の地域の方々や、海外で日本語を学ぶ中でより自然な会話力をつけたいと願っている皆さんにも役立てていただけると思っています。

[主な使用対象者]
・A1のレベルの学習者
・自然な日本語を使って、会話ができるようになりたい人
・「伝えたいこと」ごとに、文型・表現・語彙を学びたい人

私たちは日常会話で、文型を使うために話題を考えるということはしません。自分の「伝えたいこと」を伝え、相手の「伝えたいこと」を理解し、コミュニケーションをとっています。このテキストでは「何を伝えるか」を前面に出し、「伝えたいこと」があって、それを支えるのが「文型」「表現」「語彙」であると考えています。トピックの中で、自分が「伝えたいこと」を日本語で表現するためにどんな「文型」「語彙」が必要かを学習者自身が考え、選び、学んでいきます。文法積み上げではなく、そのトピックについて話すときに必要と思われる文型、語彙、表現を効果的に学習していけるようになっています。

多くの日本語を必要とする皆さんに活用していただけたら大変うれしく思います。私たちは日本語でのコミュニケーションの輪が広がり、皆さんの新たな可能性につながる第一歩になることを願っています。

テキスト作成にあたって、出版まで導いてくださった凡人社編集部の渡辺唯広編集長と大橋由希さんにこの場を借りてお礼を申し上げます。ありがとうございました。

2015年1月　著者

このテキストの使い方

●このテキストの構成と使い方

このテキストは、Presession と 15 の「Unit（ユニット）」でできています。各ユニットは、トピックで構成されているので、文型、表現が複数の課で出てきます。トピックは、初級学習者が日本語で話す機会が多いと思われるトピックを取り上げました。初級前半の重要な表現が、トピックを変えて繰り返し出てくるので、その文型、表現の持つ機能を正確に身につけることができます。

Presession には、初級前半の基本的な動詞、形容詞、数字（時間、日にち、値段）、助詞がまとまっています。このテキストで取り上げているトピックについて話すときに、よく使うものがまとまっているので、忘れてしまったり、わからない言葉があったら、その都度確認して覚えていきましょう。

1ユニットの学習時間の目安は 120 分です。1週間に 5 つのトピック、3 週間で 15 のトピックが学べます。

目次で示した順番は、トピックの偏りがないように並べたものです。しかし、文型は繰り返し出てくるので、どのユニットからでも始めることができます。

●各ユニットの構成と使い方

【Let's Try!!】

ユニットのトピックについて話しながら、語彙、表現や文型を学んでいきます。

タイトルの横に、話せるようになるトピックやできるようになる言語行動を示しています（①）。

まずは、イラストや図表を見て、話す内容や場面をイメージしてみましょう。

各ユニットの Question（②）に答えながら進めていくと、そのトピックについて、ある程度まとまった内容の話ができるようになります。ユニットによって練習パターンは異なりますが、緑の部分（③）を入れ替えれば、自分の言いたいことがすぐに言えるようになります。会話をしながら身につけていくので、勉強したその日から使えるようになります。自分の話したいことをどんどん書き込んで、オリジナルのテキストを作っていきましょう。

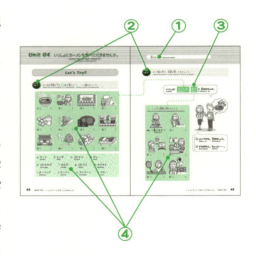

イラストが多いので、表現や語彙も一目でわかりやすく学べるようになっています。トピックごとによく使う語彙がまとまっているので、単語帳としても活用できます（④）。

＊「語彙リスト」が、凡人社のウェブサイトから無料でダウンロードできます。
http://www.bonjinsha.com/weekly_j_s1/

【Language Focus】

　「Let's Try!!」の中では、一つ一つの文型や表現を詳しく扱っていませんが、「Language Focus」を見れば、各ユニットの文型のポイントが確認できるようになっています。ここでは、ポイントとなる文型の英語訳（⑤）のほか、品詞や活用の形についての情報（⑥）も示してあります。

【Try It Out】

　1つのユニットを学習すれば、このようなコミュニケーションができるようになるという会話例が書いてあります。各ユニットの Can-do の到達レベルの会話として見ることもできます。
　音声を聞きながら、アクセントやイントネーション、自然なあいづちや言いよどみなども確認できます。会話例を参考に、より自然に会話を続ける練習をします。スクリプトの一部を消してディクテーションをしてみたり、シャドーイングをしてみてもいいでしょう。

> 🎧 音声は、凡人社のウェブサイトからダウンロードして、お使いください。
> http://www.bonjinsha.com/weekly_j_s1/

【「Try It Out」英語翻訳】（153〜158ページ）

【Let's Talk】

　最後に、各ユニットで学習した表現を使って、質問に答えてみます。
　テキストに質問文はなく、音声で質問を聞き、回答を書くようになっています。書いて答えるだけでなく、口頭で答えることによって、会話練習としても使えます。自分のことを答えるので、実際のコミュニケーションに近い練習をすることができます。

> 🎧 音声は、凡人社のウェブサイトからダウンロードして、お使いください。
> http://www.bonjinsha.com/weekly_j_s1/

【「Let's Talk」質問と回答例】（159〜165ページ）
　Let's Talk の質問文とその回答例を載せています。

How to Use This Textbook

●How this textbook is organized, and how to use it

This textbook is made up of the Presession and 15 units. Each unit comprises topics, each of which contains several chapters on sentence structure and expression. The topics focus on areas that elementary learners of the Japanese language are expected to have numerous opportunities to converse in. Important expressions in the first half of the elementary level are repeated in different topics, thereby enabling you to remember the correct functions of the sentence structure and expression.

The Presession provides a summary of basic verbs, adjectives, numbers (time, days, prices), and particles. As it is a compilation of expressions that are frequently used when conversing about the topics covered in this textbook, use this section to check and remember any words and expressions that you do not understand or have forgotten.

The estimated learning time for one unit is 120 minutes. You should be able to cover five topics in one week and 15 topics in three weeks.

As shown in the Table of Contents, the topics are arranged in a sequence that avoids any form of bias. However, as sentence structures appear repeatedly, you may begin studying from any chapter.

●How each unit is organized, and how to use them

[Let's Try!!]

Learn vocabulary, expressions, and sentence structures while conversing about the topics covered in each unit.

The section beside the title (①) shows conversational topics and linguistic behaviors that you will be able to acquire in the unit. First, study the illustrations and diagrams, and imagine the contents of the conversation and the situations in which it may arise.

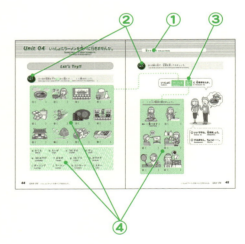

As you advance through the unit while answering the questions set out in each unit (②), you will gradually acquire the ability to converse about the topic with some degree of fluency. While the practice patterns differ for each unit, you can quickly learn to say what you want to simply by replacing the words that are highlighted in green (③). As Japanese proficiency is acquired through conversation, you will be able to apply the expressions that you learn immediately. Incorporate the things that you wish to say to create an original textbook that is tailored to your own needs.

As there are many illustrations, it is easy to pick up the expressions and vocabulary at one glance. Frequently used vocabulary is summarized under each topic, so you can also use these as wordlists (④).

*Vocabulary lists can also be downloaded free-of-charge from BONJINSHA's website.
http://www.bonjinsha.com/weekly_j_s1/

[Language Focus]

While the "Let's Try!!" section does not provide detailed explanations about each and every sentence structure and expression, you can check the key points for sentence structures covered in each unit by using the "Language Focus" section. This section not only provides the English translations (⑤) of the key sentence structures, but also presents information about parts of speech and how to apply them (⑥).

[Try It Out]

The "Try It Out" section offers examples of conversations that you can use to communicate with others after they have completed your study of the unit. You can also use it as a benchmark of how successfully they have achieved the "Can-do" goals (target level of conversation) in each unit.

By listening to the audio files, you can check the accents, intonation, as well as the natural responses, and expressions of hesitation and conversation fillers. By using the examples of conversation as a reference, you can practice keeping a conversation in a more natural manner. It would also be a good idea to remove parts of the script for dictation, or to try out shadowing practices.

> 🎧 Please download the audio files from BONJINSHA's website for your use.
> http://www.bonjinsha.com/weekly_j_s1/

[English translation of "Try It Out" section] (pages 153– 158)

[Let's Talk]

Finally, have a go at answering the questions using the expressions learnt in each unit.

The questions are not provided in the textbook. Instead, you are required to listen to audio recordings of the questions and write down the answers. Answering the questions verbally in addition to writing the answers down provides you with the opportunity to practice conversational Japanese. As you answer questions in reference to yourself, you will be able to practice conversation that is closely similar to actual communication.

> 🎧 Please download the audio files from BONJINSHA's website for your use.
> http://www.bonjinsha.com/weekly_j_s1/

[Questions and sample answers in the "Let's Talk" section] (pages 159– 165)

These pages contain questions and sample answers in the "Let's Talk" section.

v

目次 Contents

Presession

Presession 01	数字 Suuji	Numbers	p.2
Presession 02	時間 Jikan	Time	p.4
Presession 03	カレンダー Karendaa	Calendar	p.6
Presession 04	動詞 Dooshi	Verbs	p.8
Presession 05	形容詞 Keeyooshi	Adjectives	p.10
Presession 06	助詞・疑問詞 Joshi, Gimonshi	Particles and Interrogatives	p.12

week 1

Unit 01	週末は何をしましたか。 Shuumatsu wa nani o shimashita ka. What did you do during the weekend? [週末にした／することについて話す] [Talk about what you did/will do during the weekend.]	・Vました／Vます ・助詞（を／[場所]へ／[場所]で／[人]と／[時間]に） ・何も〜ませんでした	p.16
Unit 02	私の家族は4人です。 Watashi no kazoku wa yo-nindesu. There are four people in my family. [家族について話す] [Talk about your family.]	・〜は〜です ・〜と〜 ・助詞（[場所]に／[場所]で） （・〜ている[習慣]）	p.26
Unit 03	ダリアさんは髪が長いです。 Dariasan wa kami ga nagaidesu. Dalia has long hair. [人の外見を説明する] [Talk about the appearance of other people.]	・Aです／i-Aくありません／na-Aじゃありません ・〜は〜がAです （・〜ている[状態]）	p.36
Unit 04	いっしょにラーメンを食べに行きませんか。 Isshoni raamen o tabeni ikimasen ka. Shall we go to eat ramen together? [友だちを誘う] [Invite your friends.]	・Vに行きませんか ・Vましょう ・Vましょうか ・〜はどうですか ・助詞（[時]に／[場所]で）	p.44
Unit 05	桜が見たいです。 Sakura ga mitaidesu. I want to see cherry blossoms. [日本でしたいこと] [Things that you want to do in Japan.]	・〜を持っています ・〜も ・〜がほしいです ・V（dictionary form）ことができます ・〜がVたいです ・助詞（を／[場所]で）	p.52

ダウンロード素材 ·············· http://www.bonjinsha.com/weekly_j/
Materials to be downloaded

語彙リスト　**音声ファイル**
Vocabulary lists　Audio files

week 2

Unit			p.
Unit 06	イタリアでピザを食べました。 Itaria de piza o tabemashita. I ate pizza in Italy. [旅行について話す] [Talk about your travels.]	・Vました ・〜も ・助詞（[場所]で／[時]に／を／[手段]で／[人]と）	p.60
Unit 07	春は桜がきれいです。 Haru wa sakura ga kireedesu. Cherry blossoms are beautiful in the spring. [自分の国について話す] [Talk about your country.]	・Aです／i-Aくありません／na-Aじゃありません ・〜は〜がAです ・そして、〜 ・〜が一番〜	p.68
Unit 08	プレゴという喫茶店が好きです。 Purego toiu kissaten ga sukidesu. I like the café called "Prego." [好きな場所について話す] [Talk about your favorite places.]	・〜という〜 ・〜が好きです ・〜は[場所]にあります ・〜があります ・〜から[理由] ・〜と〜 ・〜や〜など ・Aです／i-Aくありません／na-Aじゃありません	p.78
Unit 09	毎日、朝ごはんを食べます。 Mainichi, asagohan o tabemasu. I eat breakfast every day. [習慣について話す] [Talk about your habits.]	・Vます／Vません ・〜に〜回（くらい） ・毎日／よく／時々／あまり／全然 ・〜から〜まで／〜ごろ ・〜間（くらい） ・助詞（[場所]で／[時間]に／ごろ） ・Casual speech style	p.86
Unit 10	これ、ください。 Kore, kudasai. Could I have this please? [店員と話す] [Talk to salespeople.]	・これ／それ／あれ ・この／その／あの ・（試着）してみてもいいですか ・〜がAです ・他の（色／サイズ）がありますか ・もっと（サイズetc.）が（大きいetc.）のがありますか	p.98

vii

week 3

Unit	Title	Grammar Points	Page
Unit 11	誕生日に花をもらいました。 Tanjoobi ni hana o moraimashita. *I received flowers on my birthday.* [プレゼントについて話す] *[Talk about gifts.]*	・〜がほしいです ・〜に〜をもらいました ・〜に〜をあげました ・助詞（[時]に） ・〜が好きです	p.108
Unit 12	家の近くにスーパーがあります。 Ie no chikaku ni suupaa ga arimasu. *There is a supermarket near my home.* [家の近くを説明する] *[Explain about the area near your home.]*	・[場所]に〜があります ・〜と〜 ・〜や〜など ・Aです／i-Aくありません／ 　na-Aじゃありません ・（・〜ている[状態]） ・そして、〜 ・でも、〜	p.116
Unit 13	日本の夏とお国の夏とどちらが暑いですか。 Nihon no natsu to okuni no natsu to dochira ga atsuidesu ka. *Is summer hotter in Japan or in your country?* [自分の国と日本を比べる] *[Compare your country and Japan.]*	・Aです ・〜はA₁です。でも、〜はA₂です。 ・〜はA₁です。〜もA₁です。 ・〜と〜とどちらが〜ですか ・〜のほうがAです ・どちらもAです	p.126
Unit 14	スポーツを見るのが好きです。 Supootsu o miru no ga sukidesu. *I like to watch sports.* [好きなことを話す] *[Talk about what you like.]*	・Nが好きです ・V (dictionary form)のが好きです ・趣味はNです ・趣味はV (dictionary form)ことです ・毎日／よく／時々／あまり／全然 ・〜に〜回（くらい）	p.134
Unit 15	どうやって行ったらいいですか。 Dooyatte ittara iidesu ka. *How can I get there?* [行き方を聞く] *[Ask for directions.]*	・〜は[場所]にあります ・[手段]で／[場所]から[場所]まで 　行きます ・どのくらいかかりますか ・〜に乗り換えます ・助詞（[場所]で／[場所]へ）	p.144

「Try It Out」英語翻訳 ………………………………………… p.153
English translation of "Try It Out" section

「Let's Talk」質問と回答例 ……………………………………… p.159
Questions and sample answers in the "Let's Talk" section

Presession 01 >>> 06

Presession 01 数字
Suuji

【数字の読み方 Suuji no yomikata】 How to read the numbers.

	-	10	100	1000	10000
1	いち ichi	10 じゅう juu	100 ひゃく hyaku	1000 せん sen	10000 いちまん ichiman
2	に ni	20 にじゅう nijuu	200 にひゃく nihyaku	2000 にせん nisen	20000 にまん niman
3	さん san	30 さんじゅう sanjuu	300 さんびゃく sambyaku	3000 さんぜん sanzen	30000 さんまん sam'man
4	し／よん shi / yon	40 よんじゅう yonjuu	400 よんひゃく yonhyaku	4000 よんせん yonsen	40000 よんまん yom'man
5	ご go	50 ごじゅう gojuu	500 ごひゃく gohyaku	5000 ごせん gosen	50000 ごまん goman
6	ろく roku	60 ろくじゅう rokujuu	600 ろっぴゃく roppyaku	6000 ろくせん rokusen	60000 ろくまん rokuman
7	なな／しち nana / shichi	70 ななじゅう nanajuu	700 ななひゃく nanahyaku	7000 ななせん nanasen	70000 ななまん nanaman
8	はち hachi	80 はちじゅう hachijuu	800 はっぴゃく happyaku	8000 はっせん hassen	80000 はちまん hachiman
9	きゅう kyuu	90 きゅうじゅう kyuujuu	900 きゅうひゃく kyuuhyaku	9000 きゅうせん kyuusen	90000 きゅうまん kyuuman

ex.

58 ごじゅうはち gojuu hachi	430 よんひゃくさんじゅう yonhyaku sanjuu	1980 せんきゅうひゃくはちじゅう sen kyuuhyaku hachijuu

Numbers

【数えましょう Kazoemashoo】 Let's count the things.

	🍎🍰💼	👕🖼️📄	📕	🍶☂️	~ times	🧍
1	ひとつ hitotsu	いちまい ichi-mai	いっさつ i-ssatsu	いっぽん i-ppon	いっかい i-kkai	ひとり hitori
2	ふたつ futatsu	にまい ni-mai	にさつ ni-satsu	にほん ni-hon	にかい ni-kai	ふたり futari
3	みっつ mittsu	さんまい sam-mai	さんさつ san-satsu	さんぼん sam-bon	さんかい san-kai	さんにん san-nin
4	よっつ yottsu	よんまい yom-mai	よんさつ yon-satsu	よんほん yon-hon	よんかい yon-kai	よにん yo-nin
5	いつつ itsutsu	ごまい go-mai	ごさつ go-satsu	ごほん go-hon	ごかい go-kai	ごにん go-nin
6	むっつ muttsu	ろくまい roku-mai	ろくさつ roku-satsu	ろっぽん ro-ppon	ろっかい ro-kkai	ろくにん roku-nin
7	ななつ nanatsu	ななまい nana-mai	ななさつ nana-satsu	ななほん nana-hon	ななかい nana-kai	ななにん nana-nin
8	やっつ yattsu	はちまい hachi-mai	はっさつ ha-ssatsu	はっぽん ha-ppon	はっかい ha-kkai	はちにん hachi-nin
9	ここのつ kokonotsu	きゅうまい kyuu-mai	きゅうさつ kyuu-satsu	きゅうほん kyuu-hon	きゅうかい kyuu-kai	きゅうにん kyuu-nin
10	とお too	じゅうまい juu-mai	じゅっさつ ju-ssatsu	じゅっぽん ju-ppon	じゅっかい ju-kkai	じゅうにん juu-nin
?	いくつ ikutsu	なんまい nam-mai	なんさつ nan-satsu	なんぼん nam-bon	なんかい nan-kai	なんにん nan-nin

> いくつ? Ikutsu?

> ふたつ ください。 Futatsu kudasai.

> いくらですか。 Ikuradesu ka.

> 510円です。 Gohyakujuu-en desu.

【いくらですか Ikuradesu ka】 How much is it?

① ¥670 ・ ・ ひゃくはちえん hyakuhachi-en
② ¥432 ・ ・ せんななひゃくきゅうじゅうえん sen'nanahyakukyuujuu-en
③ ¥3650 ・ ・ よんひゃくさんじゅうにえん yonhyakusanjuuni-en
④ ¥1790 ・ ・ ごまんきゅうせんはっぴゃくえん gomankyuusenhappyaku-en
⑤ 216円 ・ ・ ろっぴゃくななじゅうえん roppyakunanajuu-en
⑥ 108円 ・ ・ にひゃくじゅうろくえん nihyakujuuroku-en
⑦ 59800円 ・ ・ さんぜんろっぴゃくごじゅうえん sanzenroppyakugojuu-en

Numbers Presession 01

Presession 02 時間(じかん) Jikan

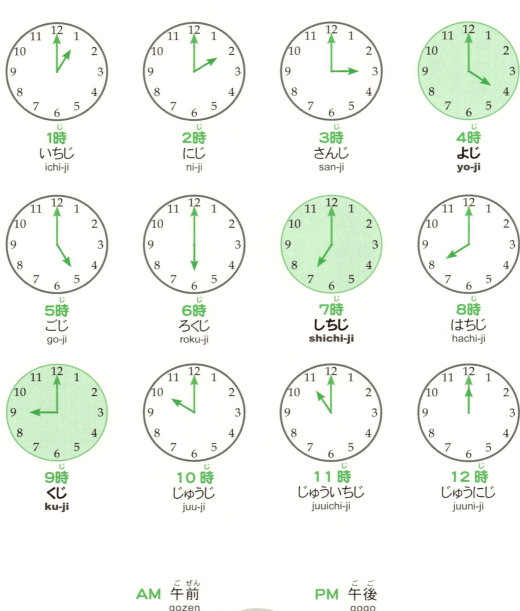

Presession 02 Time

Time

5分	ごふん go-fun	10分	じゅっぷん ju-ppun
15分	じゅうごふん juugo-fun	20分	にじゅっぷん niju-ppun
25分	にじゅうごふん nijuugo-fun	30分	さんじゅっぷん sanju-ppun
35分	さんじゅうごふん sanjuugo-fun	40分	よんじゅっぷん yonju-ppun
45分	よんじゅうごふん yonjuugo-fun	50分	ごじゅっぷん goju-ppun
55分	ごじゅうごふん gojuugo-fun		

1時30分 いちじさんじゅっぷん ichi-ji sanju-ppun = 1時半 いちじはん ichi-jihan

1分	いっぷん i-ppun	11分	じゅういっぷん juui-ppun
2分	にふん ni-fun	12分	じゅうにふん juuni-fun
3分	さんぷん sam-pun	13分	じゅうさんぷん juusam-pun
4分	よんぷん yom-pun	14分	じゅうよんぷん juuyom-pun
5分	ごふん go-fun	15分	じゅうごふん juugo-fun
6分	ろっぷん ro-ppun	16分	じゅうろっぷん juuro-ppun
7分	ななふん nana-fun	17分	じゅうななふん juunana-fun
8分	はっぷん ha-ppun	18分	じゅうはっぷん juuha-ppun
9分	きゅうふん kyuu-fun	19分	じゅうきゅうふん juukyuu-fun
10分	じゅっぷん ju-ppun	20分	にじゅっぷん niju-ppun

ふん fun	ぷん pun
	1
2	
	3
	4
5	
	6
7	
	8
9	
	10

【何時ですか Nanjidesu ka】 What time is it?

① 9:26　② 5:49　③ 10:30　④ 6:57　⑤ 3:11
⑥ 12:24　⑦ 4:38　⑧ 12:24　⑨ 11:43

Presession 03 カレンダー
Karendaa

1月 いちがつ ichi-gatsu	**2月** にがつ ni-gatsu	**3月** さんがつ san-gatsu	**4月** しがつ **shi-gatsu**
5月 ごがつ go-gatsu	**6月** ろくがつ roku-gatsu	**7月** しちがつ **shichi-gatsu**	**8月** はちがつ hachi-gatsu
9月 くがつ **ku-gatsu**	**10月** じゅうがつ juu-gatsu	**11月** じゅういちがつ juuichi-gatsu	**12月** じゅうにがつ juuni-gatsu

週末 shuumatsu

月 げつようび getsu-yoobi MON	火 かようび ka-yoobi TUE	水 すいようび sui-yoobi WED	木 もくようび moku-yoobi THU	金 きんようび kin-yoobi FRI	土 どようび do-yoobi SAT	日 にちようび nichi-yoobi SUN
				1 ついたち tsuitachi	2 ふつか futsuka	3 みっか mikka
4 よっか yokka	5 いつか itsuka	6 むいか muika	7 なのか nanoka	8 ようか yooka	9 ここのか kokonoka	10 とおか tooka
11 じゅういちにち juuichi-nichi	12 じゅうににち juuni-nichi	13 じゅうさんにち juusan-nichi	14 じゅうよっか juuyokka	15 じゅうごにち juugo-nichi	16 じゅうろくにち juuroku-nichi	17 じゅうしちにち juushichi-nichi
18 じゅうはちにち juuhachi-nichi	19 じゅうくにち juuku-nichi	20 はつか hatsuka	21 にじゅういちにち nijuuichi-nichi	22 にじゅうににち nijuuni-nichi	23 にじゅうさんにち nijuusan-nichi	24 にじゅうよっか nijuuyokka
25 にじゅうごにち nijuugo-nichi	26 にじゅうろくにち nijuuroku-nichi	27 にじゅうしちにち nijuushichi-nichi	28 にじゅうはちにち nijuuhachi-nichi	29 にじゅうくにち nijuuku-nichi	30 さんじゅうにち sanjuu-nichi	31 さんじゅういちにち sanjuuichi-nichi

Calendar

	the before	before	now	after	the after
年 year	おととし ototoshi	去年 きょねん kyo'nen	今年 ことし kotoshi	来年 らいねん rainen	再来年 さらいねん sarainen
月 month	先々月 せんせんげつ sensengetsu	先月 せんげつ sengetsu	今月 こんげつ kongetsu	来月 らいげつ raigetsu	再来月 さらいげつ saraigesu
週 week	先々週 せんせんしゅう sensenshuu	先週 せんしゅう senshuu	今週 こんしゅう konshuu	来週 らいしゅう raishuu	再来週 さらいしゅう saraishuu
日 day	おととい ototoi	きのう kinoo	今日 きょう kyoo	明日 あした ashita	あさって asatte

【今日は……Kyoo wa……】 *Today is……*

① 今日は何月何日ですか。
　　Kyoo wa nangatsu nan'nichidesu ka. _____

② 今日は何曜日ですか。
　　Kyoo wa nan'yoobidesu ka. _____

③ 誕生日はいつですか。
　　Tanjoobi wa itsudesu ka. _____

④ あさっては何曜日ですか。
　　Asatte wa nan'yoobidesu ka. _____

⑤ 来週の月曜日は何日ですか。
　　Raishuu no getsu-yoobi wa nan'nichidesu ka. _____

Calendar **Presession 03**

Presession 04 　動詞
Dooshi

【Iグループ　I Group verbs】

 会います　aimasu

 買います　kaimasu

 待ちます　machimasu

 持ちます　mochimasu

 （写真を）撮ります　(shashin o) torimasu

 帰ります　kaerimasu

 乗ります　norimasu

 作ります　tsukurimasu

 読みます　yomimasu

 飲みます　nomimasu

 呼びます　yobimasu

 遊びます　asobimasu

 書きます　kakimasu

 聞きます　kikimasu

 泳ぎます　oyogimasu

 行きます　ikimasu

 話します　hanashimasu

	肯定 Affirmative	否定 Negative
非過去 Non-past	食べます　tabe**masu**	食べません　tabe**masen**
過去 Past	食べました　tabe**mashita**	食べませんでした　tabe**masendeshita**

Presession 04　Verbs

Verbs

【IIグループ II Group verbs】

| 18 起きます okimasu | 19 食べます tabemasu | 20 見ます mimasu | 21 (シャワーを) 浴びます (shawaa o) abimasu | 22 (電話を) かけます (denwa o) kakemasu | 23 寝ます nemasu |

【IIIグループ III Group verbs】

| 24 勉強します benkyooshimasu | 25 仕事します shigotoshimasu | 26 洗濯します sentakushimasu | 27 掃除します soojishimasu | 28 買い物します kaimonoshimasu | 29 料理します ryoorishimasu |

30 来ます kimasu

*辞書形 Dictionary form

Iグループ	IIグループ	IIIグループ	
飲みます nomi~~masu~~ ↓ 飲む nom**u**	食べます tabe~~masu~~ ↓ 食べる tabe**ru**	します shimasu ↓ する suru	来ます kimasu ↓ 来る kuru

Q. ます形の下の ___ に辞書形を書きましょう。 *Fill in the dictionary form of each verb in the ___ under the -masu form*

Presession 05 形容詞
Keeyooshi

【い形容詞 i-Adjectives】

1/2 新しい／古い　atarashii / furui

3/4 暑い／寒い　atsui / samui

5/6 暖かい／涼しい　atatakai / suzushii

7/8 熱い／冷たい　atsui / tsumetai

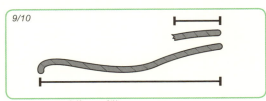
9/10 長い／短い　nagai / mijikai

11/12 遠い／近い　tooi / chikai

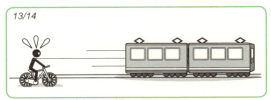
13/14 遅い／速い　osoi / hayai

15/16 低い／高い　hikui / takai

17/18 高い／安い　takai / yasui

19/20 大きい／小さい　ookii / chiisai

	肯定 Affirmative	否定 Negative
い形容詞 i-Adjective	おいしいです oishii**desu**	おいし~~い~~くありません oishi~~i~~ **kuarimasen**

Adjectives

広い／狭い hiroi / semai

多い／少ない ooi / sukunai

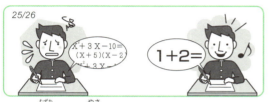
難しい／易しい muzukashii / yasashii

おいしい oishii

おもしろい omoshiroi

【な形容詞 na-Adjectives】

にぎやか／静か nigiyaka / shizuka

きれい kiree

元気 genki

有名 yuumee

便利 benri

	肯定 Affirmative	否定 Negative
な形容詞 na-Adjective	元気です genki**desu**	元気じゃありません genki**ja arimasen**

Adjectives **Presession 05**

Presession 06 助詞・疑問詞
Joshi, Gimonshi

Q: [?] へ 行きましたか。
　　　　　e　ikimashita ka.

A: 公園 へ 行きました。
　Kooen　e　ikimashita.
　[Place]

行きました ikimashita
帰りました kaerimashita
来ました kimashita

Q: [?] で 買い物しましたか。
　　　　　de　kaimonoshimashita ka.

A: デパート で 買い物しました。
　Depaato　de　kaimonoshimashita.
　[Place]

泳ぎました oyogimashita
食べました tabemashita
勉強しました benkyooshimashita

Q: [?] に スーパー が ありますか。
　　　　　ni　suupaa　ga　arimasu ka.

A: 家の近く に スーパー が あります。
　Ie no chikaku　ni　suupaa　ga　arimasu.
　[Place]

あります arimasu
います imasu

Q: [?] に 朝ごはん を 食べますか。
　　　　　ni　asagohan　o　tabemasu ka.

A: 7時 に 朝ごはん を 食べます。
　Shichi-ji　ni　asagohan　o　tabemasu.

Q: [?] 日本 へ 来ましたか。
　　　　Nihon　e　kimashita ka.

A: 4月3日 に 日本 へ 来ました。
　Shi-gatsu mikka　ni　Nihon　e　kimashita.
　[Time]

Presession 06 Particles and Interrogatives

Particles and Interrogatives

Q: [?] を 食べましたか。
   　　　　o　tabemashita ka.

A: すし を 食べました。
   Sushi　o　tabemashita.
   [Object]

Q: [?] と 行きましたか。
   　　　　to　ikimashita ka.

A: 友だち と 行きました。
   Tomodachi　to　ikimashita.
   [Person]

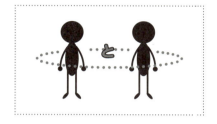

Q: [?] 行きましたか。
   　　　　ikimashita ka.

   [?] で 行きましたか。
   　　　　de　ikimashita ka.

A: バス で 行きました。
   Basu　de　ikimashita.
   [Means of transportation]

Q. 一緒に使う疑問詞を選んで、[?] に書きましょう。
   Select the correct question word for each sentence together, and fill in the respective [?].

| どこ | どうやって | だれ | 何 | 何時 | いつ |
| doko | dooyatte | dare | nani | nanji | itsu |

Unit 01 >>> 15

Unit 01 週末は何をしましたか。
Shuumatsu wa nani o shimashita ka.
What did you do during the weekend?

Let's Try!!

Q1 先週の土曜日、日曜日は何月何日ですか。何をしましたか。スケジュール表に書きましょう。
What were the dates for Saturday and Sunday last week? What did you do? Fill in the schedule tables below.

___月___日（土曜日 do-yoobi）
AM
PM

___月___日（日曜日 nichi-yoobi）
AM
PM

Unit 01　*Talk about what you did/will do during the weekend.*

週末にした／することについて話す　Talk about what you did/will do during the weekend.

Q2
Q1のスケジュール表を見て、話しましょう。
Look at the schedule tables in Q1. Talk about your schedule.

先週の 土曜日 は、日本語を 勉強しました。
Senshuu no do-yoobi wa, nihongo o benkyooshimashita.

それから、DVDを 見ました。
Sorekara, DVD o mimashita.

Q3
ペアで話しましょう。
Converse in pairs.

A：先週の 土曜日 は、何を しましたか。
　　Senshuu no do-yoobi wa, nani o shimashita ka.

B：日本語を 勉強しました。Aさんは?
　　Nihongo o benkyooshimashita. Asan wa?

A：私は 渋谷へ 行きました。
　　Watashi wa Shibuya e ikimashita.

B：そうですか。いいですね。
　　Soodesu ka. Iidesu ne.

Talk about what you did/will do during the weekend.　Unit 01　**17**

Q4　□に入る言葉を□から選んで、書きましょう。
Select the correct words from the □ below, and fill in the respective □.

だれ	何	何時
dare	nani	nanji

A：先週の　土曜日　は　何を　しましたか。
　　Senshuu no　do-yoobi　wa　nani o shimashita ka.

B：渋谷へ　行きました。
　　Shibuya e iki mashita.

A：そうですか。
　　Soodesu ka.

A：□と　行きましたか。
　　　to　iki mashita ka.

B：友だち　と　行きました。
　　Tomodachi　to　iki mashita.

友だち / tomodachi　　家族 / kazoku
恋人（彼氏／彼女）
koibito (kareshi/kanojo)

A：□に／ごろ　家へ　帰りましたか。
　　　ni/goro　ie e kaeri mashita ka.

B：6時　に／ごろ　帰りました。
　　Roku-ji　ni/goro　kaeri mashita.

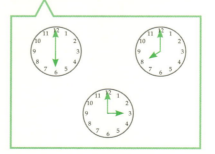

18 Unit 01　Talk about what you did/will do during the weekend.

Q5 友だちの話を聞いて、いろいろ質問しましょう。
Listen to what your friend says, and ask various questions.

A: 渋谷 で 何を しましたか。
　　Shibuya de nani o shimashita ka.

B: 買い物しました。
　　Kaimonoshimashita.

A: そうですか。
　　Soodesu ka.

A: ☐ を 買いましたか。
　　　 o　kai mashita ka.

B: 靴 を 買いました。
　　Kutsu o kai mashita.

B: 何も 買いませんでした。
　　Nani mo kai masendeshita.

Talk about what you did/will do during the weekend. Unit 01

Q6 今週と来週の土曜日、日曜日は何月何日ですか。スケジュール表に予定を書きましょう。
What are the dates for Saturday and Sunday this and next week? Fill in the schedule tables below.

今週 konshuu

___月___日（土曜日 do-yoobi）
AM
PM

___月___日（日曜日 nichi-yoobi）
AM
PM

来週 raishuu

___月___日（土曜日 do-yoobi）
AM
PM

___月___日（日曜日 nichi-yoobi）
AM
PM

Unit 01   *Talk about what you did/will do during the weekend.*

Q7 ペアで話しましょう。話を聞いて、いろいろ質問しましょう。
Converse in pairs. Listen to what your friend says, and ask various questions.

A: 今週 (Konshuu) / 来週 (Raishuu) の no 土曜日 (do-yoobi) / 週末 (shuumatsu) は 何を しますか。
wa nani o shimasu ka.

B: 友だちと 横浜へ 行きます。
Tomodachi to Yokohama e ikimasu.

A: 横浜 ですか。いいですね。
Yokohama desu ka. Iidesu ne.

C: たぶん 買い物します。
Tabun kaimonoshimasu.

A: そうですか。
Soodesu ka.

D: まだ わかりません。
Mada wakarimasen.

A: そうですか。
Soodesu ka.

Talk about what you did/will do during the weekend. Unit 01

Language Focus

先週の土曜日は、日本語を勉強しました。
Senshuu no do-yoobi wa, nihongo o benkyooshi**mashita**. *I studied Japanese last Saturday.*

来週の日曜日は、日本語を勉強します。
Raishuu no nichi-yoobi wa, nihongo o benkyooshi**masu**. *I will study Japanese next Sunday.*

	肯定 Affirmative	否定 Negative
非過去 Non-past	行き**ます** ikimasu	行き**ません** ikimasen
過去 Past	行き**ました** ikimashita	行き**ませんでした** ikimasendeshita

渋谷 **へ** 行きます。
Shibuya **e** ikimasu.
└ 場所 Place *I will go to Shibuya.*

友だち **と** 行きます。
Tomodachi **to** ikimasu.
└ 人 Person *I will go with my friend.*

6時 **に** 帰りました。
Roku-ji **ni** kaerimashita.
└ 時間 Time *I returned home at 6 p.m.*

かばん **を** 買いました。
Kaban **o** kaimashita.
└ 名詞 Noun *I bought a bag.*

渋谷 **で** 買い物しました。
Shibuya **de** kaimonoshimashita.
└ 場所 Place *I shopped in Shibuya.*

* 助詞 Particle (→ p.12)

Unit 01 Talk about what you did/will do during the weekend.

何も 買いませんでした。		I did not buy anything.
Nanimo kaimasendeshita.		

日本語を 勉強しました。	それから、DVDを 見ました。	I studied Japanese. After that, I watched a DVD.
Nihongo o benkyooshimashita.	Sorekara, DVD o mimashita.	

Try It Out

A: 今度の 週末は、何を しますか。
Kondo no shuumatsu wa, nani o shimasu ka.

B: 土曜日に、渋谷へ 行きます。
Do-yoobi ni, Shibuya e ikimasu.

A: 渋谷ですか。だれと 行きますか。
Shibuyadesu ka. Dare to ikimasu ka.

B: 1人で 行きます。
Hitori de ikimasu.

A: そうですか。渋谷で 何を しますか。
Soodesu ka. Shibuya de nani o shimasu ka.

B: 友だちの 誕生日の プレゼントを 買います。
Tomodachi no tanjoobi no purezento o kaimasu.

A: へえ。何を 買いますか。
Hee. Nani o kaimasu ka.

B: まだ、わかりません。
Mada, wakarimasen.

A: そうですか。私は、先週の 日曜日に、渋谷へ 行きました。
Soodesu ka. Watashi wa, senshuu no nichi-yoobi ni, Shibuya e ikimashita.

B: Aさんも 渋谷ですか。だれと 行きましたか。
Asan mo Shibuyadesu ka. Dare to ikimashita ka.

A: 会社の 同僚と 行きました。
Kaisha no dooryoo to ikimashita.

B: そうですか。渋谷で 何を しましたか。
Soodesu ka. Shibuya de nani o shimashita ka.

A: 晩ご飯を 食べました。それから、居酒屋で お酒を 飲みました。
Bangohan o tabemashita. Sorekara, izakaya de osake o nomimashita.

B: いいですね。何時ごろ 家へ 帰りましたか。
Iidesu ne. Nanji goro ie e kaerimashita ka.

A: ええと、11時ごろ 帰りました。
Eeto, juuichi-ji goro kaerimashita.

B: そうですか。
Soodesu ka.

Unit 01   Talk about what you did/will do during the weekend.

Let'S Talk

 質問に答えましょう。
Answer the questions.

① _____

② _____

③ _____

④ _____

Unit 02 私の家族は4人です。
Watashi no kazoku wa yo-nindesu.
There are four people in my family.

Let's Try!!

Q1 写真を見て、下の□から言葉を選んで、（ ）に書きましょう。
Look at the photos, select the correct descriptions from the □ below, and fill in the respective ( ).

① ( )　② ( )　③ ( )
④ ( )　⑤ ( ) 田中さん Tanakasan　⑥ ( ) マリさん Marisan

a. ひとり　hitori
b. ふたり　futari
c. さんにん　san-nin
d. よにん　yo-nin
e. ごにん　go-nin
f. ろくにん　roku-nin
g. ななにん　nana-nin
h. はちにん　hachi-nin
i. きゅうにん　kyuu-nin
j. じゅうにん　juu-nin

Q2 Q1の写真を見て、話しましょう。
Look at the photos in Q1 and talk about them.

 ご家族は 何人ですか。
Gokazoku wa nan'nin desu ka.

 4人 です。 Yo-nin desu.

Unit 02　Talk about your family.

家族について話す Talk about your family.

Q3 ①〜⑯の言葉を下の □ から選んで、( ) に書きましょう。
Select the correct words for ① ~ ⑯ from the □ below, and fill in the respective ( ).

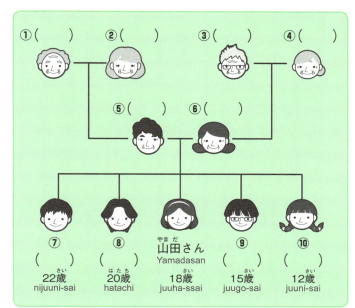
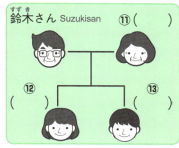
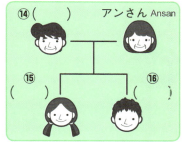

a. お父さん otoosan
b. お兄さん oniisan
c. 弟さん otootosan
d. お母さん okaasan
e. お姉さん oneesan
f. 妹さん imootosan
g. おじいさん ojiisan
h. おばあさん obaasan
i. 娘さん musumesan
j. 息子さん musukosan
k. ご主人 goshujin
l. 奥さん okusan

Q4 26ページの田中さんとマリさんのご家族を紹介しましょう。
Introduce the families of Tanaka-san and Mari-san on page 26.

田中さん Tanakasan の no ご家族は gokazoku wa 3人 san-nin です。desu.
お父さん Otoosan と to お母さん okaasan と to 田中さん Tanakasan です。desu.

Talk about your family.   Unit 02   **27**

Q5 Q3のようにあなたの家族を書きましょう。
Describe your own family in the same way as in Q3.

Q6 ①〜⑯の言葉を下の ▨ から選んで、（ ）に書きましょう。
Select the correct words for ① ~ ⑯ from the ▨ below, and fill in the respective ( ).

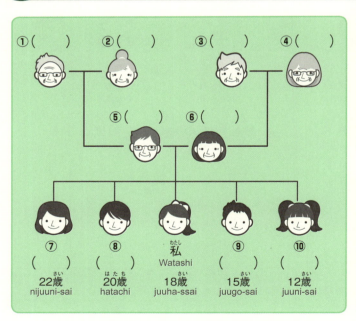
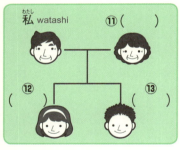
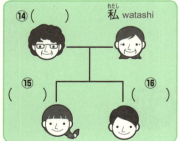

a. 父 chichi　b. 兄 ani　c. 弟 otooto　d. 母 haha　e. 姉 ane　f. 妹 imooto
g. 祖父 sofu　h. 祖母 sobo　i. 娘 musume　j. 息子 musuko　k. 主人 shujin　l. 妻 tsuma

Unit 02　Talk about your family.

Q7 あなたの家族を紹介しましょう。
Introduce your family.

私の 家族は 5人 です。
Watashi no kazoku wa go-nin desu.

父 と 母 と 姉 と 弟 と 私です。
Chichi to haha to ane to otooto to watashidesu.

Q8 写真を見て、話しましょう。何と言いますか。何を聞きますか。
Look at a photo, and talk about it in pairs. What do you say? What do you ask?

これ、私の 娘です。
Kore, watashi no musumedesu.

娘さん、かわいいです ね。
Musumesan, kawaiidesu ne.

これ、私の 家族です。
Kore, watashi no kazokudesu.

Talk about your family. Unit 02

①〜⑧の言葉を下の　から選んで、（　）に書きましょう。
Select the correct words for ① ~ ⑧ from the below, and fill in the respective (　).

① (　　　)　② (　　　)　③ (　　　)
④ (　　　)　⑤ (　　　)　⑥ (　　　)
⑦ (　　　)　⑧ (　　　)

a. 日本語 nihongo
b. 銀行 ginkoo
c. 英語 eego
d. 経営者 kee'eesha
e. 料理 ryoori
f. 主婦 shufu
g. 教師 kyooshi
h. レストラン resutoran
i. 車の会社 kuruma no kaisha
j. デパート depaato
k. 美容師 biyooshi
l. 医者 isha
m. デザイン dezain
n. 学生 gakusee
o. シェフ shefu
p. 会社員 kaishain

Unit 02　Talk about your family.

□には、他にどんな言葉が入りますか。30ページの□から選んで書きましょう。そして、話しましょう。
What other words can you fill in the □? Select words from the □ on page 30 and fill in the □. Converse in pairs.

お姉さん の お仕事は?
Oneesan no oshigoto wa?

会社員 です。
Kaishain desu.

車の 会社 で 働いて います。
Kuruma no kaisha de hataraite imasu.

日本語 の 勉強を して います。
Nihongo no benkyoo o shite imasu.

Talk about your family. Unit 02

□を見て、パオラさんのご家族を紹介しましょう。
Look at the □, and introduce Paola's family.

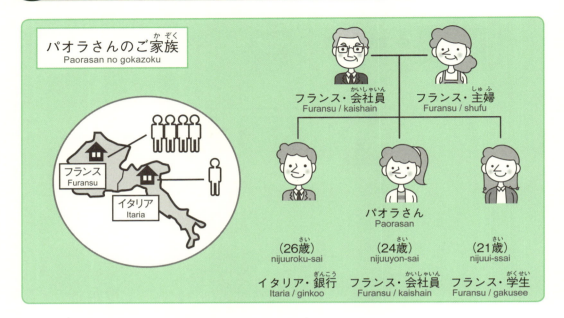

パオラさん の お父さん は フランス に 住んで います。
Paorasan no otoosan wa Furansu ni sunde imasu.

会社員 です。
Kaishain desu.

 Q5の「あなたの家族」に、住んでいる所と仕事を書きましょう。そして、ペアで話しましょう。
For the descriptions of your family that you provided in Q5, write down the place that each family member lives in, and his or her job. Converse in pairs.

A: Bさんの お母さん は どこ に 住んで いますか。
Bsan no okaasan wa doko ni sunde imasu ka.

B: 母 は アメリカ に 住んで います。
Haha wa Amerika ni sunde imasu.

A: そうですか。お母さん の お仕事は?
Soodesu ka. okaasan no oshigoto wa?

B: 教師 です。
Kyooshi desu.

Unit 02　Talk about your family.

Language Focus

私の家族は 3人です。
Watashi no kazoku **wa** san-nin**desu**.
— There are three people in my family.

父は 会社員です。
Chichi **wa** kaishain**desu**.
— My father is a company employee.

父と 母と 私です。
Chichi **to** haha **to** watashi**desu**.
— My family is made up of my father, my mother, and myself.

イタリアに 住んでいます。
Itaria **ni** sunde imasu.
└ 場所 Place
— He/She lives in Italy.

レストランで 働いています。
Resutoran **de** hataraite imasu.
└ 場所 Place
— He/She works in a restaurant.

日本語の 勉強を しています。
Nihongo **no** benkyoo o shite imasu.
└ 名詞 Noun
— He/She is learning Japanese.

Try It Out

A: Bさん、ご家族は何人ですか。
Bsan, gokazoku wa nan'nindesu ka.

B: 6人です。父と母と姉と弟が2人と私です。
Roku-nindesu. Chichi to haha to ane to otooto ga futari to watashidesu.

A: そうですか。
Soodesu ka.

B: あ、これ、両親の写真です。
A, kore, ryooshin no shashindesu.

A: へえ、お父さん、かっこいいですね。
Hee, otoosan, kakkoiidesu ne.

B: そうですか。
Soodesu ka.

A: ええ。ご家族はどこに住んでいますか。
Ee. Gokazoku wa doko ni sunde imasu ka.

B: 両親と弟はロシアのモスクワに住んでいます。
Ryooshin to otooto wa Roshia no Mosukuwa ni sunde imasu.

A: そうですか。お姉さんはどこに住んでいますか。
Soodesu ka. Oneesan wa doko ni sunde imasu ka.

B: 東京に住んでいます。
Tookyoo ni sunde imasu.

A: 東京ですか。お姉さんのお仕事は？
Tookyoodesu ka. Oneesan no oshigoto wa?

B: 会社員です。車の会社で働いています。
Kaishaindesu. Kuruma no kaisha de hataraite imasu.

A: そうですか。弟さんは高校生ですか。
Soodesu ka. Otootosan wa kookooseedesu ka.

B: いいえ、高校生じゃありません。2人とも大学生です。
Iie, kookooseeja arimasen. Futari tomo daigakuseedesu.

A: そうですか。
Soodesu ka.

Unit 02 Talk about your family.

Let'S Talk

質問(しつもん)に答(こた)えましょう。
Answer the questions.

① _____

② _____

③ _____

④ _____

⑤ _____

Unit 03 ダリアさんは髪が長いです。
Dariasan wa kami ga nagaidesu.
Dalia has long hair.

Let's Try!!

Q1 だれとだれが兄弟ですか。
Which of the following two are brothers?

Q2 好きな人を描いてみましょう。それはだれですか。
Draw a portrait of a person you like. Who is this person?

Unit 03 Talk about the appearance of other people.

人の外見を説明する Talk about the appearance of other people.

Q3 ①〜⑧の言葉を下の ☐ から選んで、☐ に書きましょう。
From the ☐ below, select the correct words for ① 〜 ⑧, and fill in the respective ☐.

a. 髪 kami　b. 耳 mimi　c. 目 me　d. 鼻 hana　e. まゆ毛 mayuge　f. 口 kuchi　g. 顔 kao　h. ひげ hige

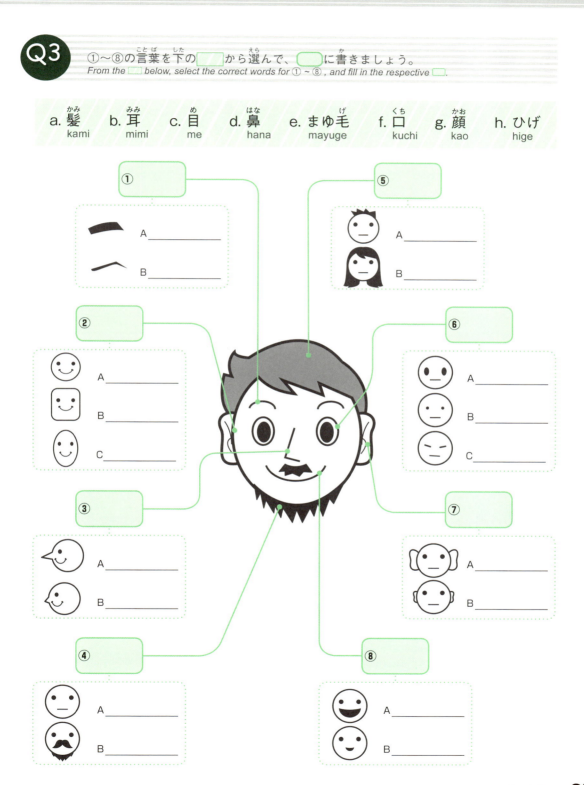

Talk about the appearance of other people.　Unit 03

Q4 Q3のA、B、Cの言葉を下の ☐ から選んで、＿＿＿に書きましょう。
From the ☐ below, select adjectives to describe A, B, and C in Q3, and fill in the ___ with these adjectives.

a. 長いです
   nagaidesu
b. 短いです
   mijikaidesu
c. 大きいです
   ookiidesu
d. 小さいです
   chiisaidesu
e. 太いです
   futoidesu
f. 細いです
   hosoidesu
g. 高いです
   takaidesu
h. 低いです
   hikuidesu
i. 丸いです
   maruidesu
j. 四角いです
   shikakuidesu
k. あります
   arimasu
l. ありません
   arimasen

背が 高いです／背が 低いです
se ga takaidesu / se ga hikuidesu

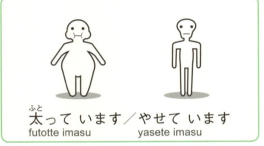

太って います／やせて います
futotte imasu / yasete imasu

めがねを かけて います
megane o kakete imasu

かわいいです／きれいです／かっこいいです
kawaiidesu / kireedesu / kakkoiidesu

Q5 Q2で描いた人はどんな人ですか。
What kind of person is the person you drew in Q2?

私の 彼女 は 髪が 長いです
Watashi no kanojo wa kami ga nagaidesu

めがねを かけて います。
Megane o kakete imasu.

目が 大きいです。
Me ga ookiidesu.

少し やせて います。
Sukoshi yasete imasu.

とても かわいいです。
Totemo kawaiidesu.

Unit 03 Talk about the appearance of other people.

Q6 あなたの友だちはどんな人ですか。ペアでクイズをしましょう。
What kind of person is your friend? Play a quiz in pairs.

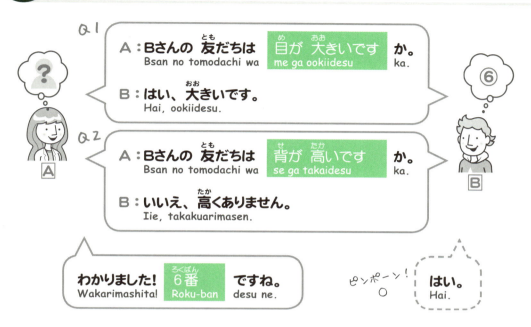

Talk about the appearance of other people. Unit 03

Q7 持っている写真を見せて、下のようにペアで話しましょう。
Look at a photo that you have, and talk about it in pairs as shown below.

この 人は だれですか。
Kono hito wa daredesu ka.

友だちの エマさん です。
Tomodachi no Emasan desu.

かわいいです ね。
Kawaiidesu ne.

目が 大きいです ね。
Me ga ookiidesu ne.

背が 高いです か。
Se ga takaidesu ka.

いいえ、あまり 高くありません。
Iie, amari takakuarimasen.

どこに 住んで いますか。
Doko ni sunde imasu ka.

スイス に 住んで います。
Suisu ni sunde imasu.

お仕事は?
Oshigoto wa?

会社員 です。
Kaishain desu.

Unit 03 Talk about the appearance of other people.

Language Focus

Aさんは 髪が 長いです。
Asan **wa** kami **ga** nagaidesu.   — 形容詞 Adjective

A-san has long hair.

Cさんは 髪が 長くありません。
Csan **wa** kami **ga** naga**kuarimasen**.

C-san does not have long hair.

	肯定 Affirmative	否定 Negative
い形容詞 i-Adjective	大きいです ookiidesu	大き**く**ありません ooki**kuarimasen** (大き ~~い~~ くありません) (ooki ~~i~~ kuarimasen)
な形容詞 na-Adjective	きれいです kireedesu	きれい**じゃありません** kiree**ja arimasen**

私は 兄と 似ています。
Watashi wa ani **to** **ni**te imasu.

I resemble my older brother.

Talk about the appearance of other people. Unit 03

Try It Out

(写真を 見て)
(Looking at a photo)

A：この 人、かわいいですね。B さんと 似て いますね。お姉さんですか。
　　Kono hito, kawaiidesu ne.　　Bsan to nite imasu ne.　　Oneesandesu ka.

B：いいえ、姉じゃありません。友だちの さちこです。
　　Iie, aneja arimasen.　　　Tomodachi no Sachikodesu.

A：へえ、そうですか。目が 大きいですね。とても きれいです。
　　Hee, soodesu ka.　　Me ga ookiidesu ne.　　Totemo kireedesu.

　　どこに 住んで いますか。
　　Doko ni sunde imasu ka.

B：フランスに 住んで います。
　　Furansu ni sunde imasu.

A：遠いですね。お仕事は？
　　Tooidesu ne.　　Oshigoto wa?

B：モデルです。
　　Moderudesu.

A：じゃあ、背が 高いですか。
　　Jaa, se ga takaidesu ka.

B：いいえ、高くありません。
　　Iie, takakuarimasen.

A：え？ そうですか。でも、モデルですか。
　　E?　Soodesu ka.　　Demo, moderudesu ka.

B：はい、髪の モデルです。
　　Hai, kami no moderudesu.

A：ああ、そうですか。
　　Aa, soodesu ka.

　　髪が 長いですね。そして、とても きれいですね。
　　Kami ga nagaidesu ne.　Soshite, totemo kireedesu ne.

Unit 03　Talk about the appearance of other people.

Let's Talk

 質問に答えましょう。
Answer the questions.

① _____

② _____

③ _____

④ _____

⑤ _____

Unit 04 いっしょにラーメンを食べに行きませんか。
Isshoni raamen o tabeni ikimasen ka.
Shall we go to eat ramen together?

Let's Try!!

 Q1　①〜⑫の言葉を下の □ から選んで、（　）に書きましょう。
Select the correct words for ① ~ ⑫ from the □ below, and fill in the respective (　).

a. さくら　sakura
b. えいが　eega
c. (お)さけ　(o)sake
d. すし　sushi
e. (お)みやげ　(o)miyage
f. はなび　hanabi
g. (お)てら　(o)tera
h. カラオケ　karaoke
i. ボーリング　booringu
j. ラーメン　raamen
k. コンサート　konsaato
l. スキー　sukii

Unit 04　Invite your friends.

友だちを誘う Invite your friends.

Q2 Q1の絵を見て、友達を誘ってみましょう。
Look at the picture in Q1 and invite your friend for an activity.

いっしょに ラーメン を 食べ に 行きませんか。
Isshoni raamen o tabe ni ikimasen ka.

( ) に入る動詞を書きましょう。
Fill in the ( ) with the correct verbs.

ex. (食べます) tabemasu

① ( )
② ( )
③ ( )
④ ( )
⑤ ( )

☺ いいですね。 行きましょう。
　Iidesu ne.　Ikimashoo.

☹ すみません。 ちょっと……。
　Sumimasen.　Chotto……

Invite your friends. **Unit 04** **45**

Q3 ペアで話しましょう。
Converse in pairs.

A: いっしょに ラーメンを 食べに 行きませんか。
Isshoni raamen o tabeni ikimasen ka.

B: いいですね。行きましょう。
Iidesu ne. Ikimashoo.

A: いつ 行きましょうか。
Itsu ikimashoo ka.

B: 土曜日 は どうですか。
Do-yoobi wa doodesu ka.

Q4 今日は何月何日ですか。何曜日ですか。今日に★をつけて、今月のカレンダーを作りましょう。
What date is it today? Place a star around the date today, and make a calendar for this month.

○月
gatsu

( )ようび yoobi	( )ようび yoobi	( )ようび yoobi	( )ようび yoobi	( )ようび yoobi	( )ようび yoobi	( )ようび yoobi
1	2	3	4	5	6	7
8	9	10	11	12	13	14
15	16	17	18	19	20	21
22	23	24	25	26	27	28
29	30	31				

記号をつけましょう。　明日…○　あさって…□　今週…▭　来週…〰
Mark the calendar with the following symbols.　ashita　asatte　konshuu　raishuu

A: ☺ いいですね。土曜日 に 行きましょう。
　　Iidesu ne. Do-yoobi ni ikimashoo.

　　3日／8月／*来週
　　mikka / hachi-gatsu / *raishuu

　☹ すみません。土曜日 は ちょっと……。
　　Sumimasen. Do-yoobi wa chotto……

46　Unit 04　Invite your friends.

A: 何時に 会いましょうか。
Nanji ni aimashoo ka.

B: 5時 は どうですか。
Go-ji wa doodesu ka.

ex.	①	②	③	④	⑤

A: ☺ いいですね。 5時 に 会いましょう。
Iidesu ne. Go-ji ni aimashoo.

☹ すみません。 5時 は ちょっと……。
Sumimasen. Go-ji wa chotto……

A: どこで 会いましょうか。
Doko de aimashoo ka.

B: 秋葉原 は どうですか。
Akihabara wa doodesu ka.

○○駅 南口
○○eki minamiguchi

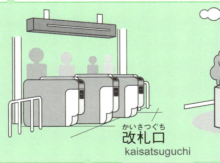
改札口
kaisatsuguchi

ハチ公の 前
Hachikoo no mae

A: ☺ いいですね。 秋葉原 で 会いましょう。
Iidesu ne. Akihabara de aimashoo.

じゃあ、土曜日の 6時に、秋葉原駅の 南口で 会いましょう。
Jaa, do-yoobi no roku-ji ni, Akihabaraeki no minamiguchi de aimashoo.

☹ すみません。 秋葉原 は ちょっと……。
Sumimasen. Akihabara wa chotto……

Invite your friends.   Unit 04   **47**

スケジュール表を見ながら、友だちを誘いましょう。メモしましょう。
Study the schedule table, and invite your friend for an activity. Make notes.

月／日	ようび yoobi	スケジュール sukejuuru
／	(　)	
／	(　)	
／	(　)	
／	(　)	ex. ダリアさん、ラーメン、6:00、あきはばら 　　Dariasan,　　raamen,　　roku-ji,　Akihabara
／	(　)	
／	(　)	
／	(　)	
／	(　)	
／	(　)	
／	(　)	
／	(　)	
／	(　)	
／	(　)	
／	(　)	

Unit 04　Invite your friends.

Language Focus

Invite your friends. Unit 04

Try It Out

A：Bさん、おすしが 好きですか。
Bsan, osushi ga sukidesu ka.

B：はい、好きです。
Hai, sukidesu.

A：じゃあ、いっしょに 食べに 行きませんか。
Jaa, isshoni tabeni ikimsen ka.

B：いいですね。行きましょう。いつ 行きましょうか。
Iidesu ne.　　Ikimashoo.　　Itsu ikimashoo ka.

A：金曜日は どうですか。
Kin-yoobi wa doodesu ka.

B：金曜日ですか……。金曜日は ちょっと……。すみません。
Kin-yoobidesu ka......　Kin-yoobi wa chotto......　　Sumimasen.

土曜日は どうですか。
Do-yoobi wa doodesu ka.

A：いいですね。何時に 会いましょうか。
Iidesu ne.　　Nanji ni aimashoo ka.

B：6時は どうですか。
Roku-ji wa doodesu ka.

A：いいですね。どこで 会いましょうか。
Iidesu ne.　　Doko de aimashoo ka.

B：渋谷は どうですか。
Shibuya wa doodesu ka.

A：いいですね。じゃあ、土曜日の 6時に 渋谷で 会いましょう。
Iidesu ne.　　Jaa, Do-yoobi no roku-ji ni Shibuya de aimashoo.

B：はい。じゃあ、また。
Hai.　　Jaa, mata.

Unit 04　Invite your friends.

Let'S Talk

質問(しつもん)に答(こた)えましょう。
Answer the questions.

① _____

② _____

③ _____

④ _____

⑤ _____

Unit 05 桜が見たいです。
Sakura ga mitaidesu.
I want to see cherry blossoms.

Let's Try!!

Q1 日本の特別なものは何ですか。他に何がありますか。
What are the things about Japan that are special? What other things are there?

- 歌舞伎 kabuki
- 文化 bunka
- 書道 shodoo
- ゲーム geemu
- ポップカルチャー poppukaruchaa
- マンガ manga
- サブカルチャー sabukaruchaa
- コスプレ kosupure
- 茶道 sadoo
- 日本
- 食べ物 tabemono
- 納豆 nattoo
- だんご dango
- スポーツ supootsu
- 抹茶 maccha
- キャラクター kyarakutaa
- すもう sumoo

Unit 05 Things that you want to do in Japan.

日本(にほん)でしたいこと Things that you want to do in Japan.

Q2 Q1を見(み)て、ペアで話(はな)しましょう。
Look at the pictures in Q1 and converse in pairs.

私(わたし)は だるま を 持(も)って います。
Watashi wa daruma o motte imasu.

私(わたし)は 桜(さくら) を 見(み)ました。
Watashi wa sakura o mimashita.

もの・人(ひと)
mono/hito

桜(さくら) sakura
だるま daruma
花火(はなび) hanabi
はし hashi
温泉(おんせん) onsen
着物(きもの) kimono
招(まね)き猫(ねこ) manekineko
忍者(にんじゃ) ninja

Japan

Things that you want to do in Japan. Unit 05

Q3 Q1を見て、ペアで話しましょう。
Look at the pictures in Q1 and converse in pairs.

A: 私は だるま を 持って います。
Watashi wa daruma o motte imasu.

B: いいですね。
Iidesu ne.

私も だるま が ほしいです。
Watashi mo daruma ga hoshiidesu.

A: 私は 桜 を 見ました。
Watashi wa sakura o mimashita.

B: いいですね。
Iidesu ne.

私も 桜 が 見たいです。
Watashi mo sakura ga mi taidesu.

a. します shimasu
b. 見ます mimasu
c. 買います kaimasu
d. 読みます yomimasu
e. 作ります tsukurimasu
f. 着ます kimasu
g. 入ります hairimasu
h. 会います aimasu
i. 食べます tabemasu

B: どこで 見る ことが できますか。
Doko de miru koto ga dekimasu ka.

A: 上野公園 で 見る ことが できます。
Uenokooen de miru koto ga dekimasu.

Unit 05　Things that you want to do in Japan.

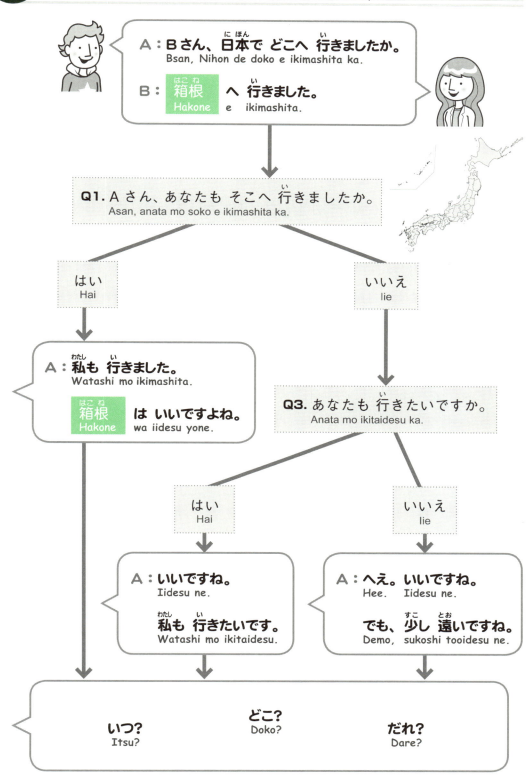

Language Focus

56 Unit 05 Things that you want to do in Japan.

Try It Out

A: 先週、広島へ 行きました。
Senshuu, Hiroshima e ikimashita.

B: そうですか。 いいですね。 広島で 何を しましたか。
Soodesu ka.   Iidesu ne.   Hiroshima de nani o shimashita ka.

A: 原爆ドームを 見ました。 それから、有名な 神社へ 行きました。
Gembakudoomu o mimashita.   Sorekara, yuumee na jinja e ikimashita.

海の 中に ありました。
Umi no naka ni arimashita.

B: ああ、宮島ですね。
Aa, Miyajimadesu ne.

A: Bさんも 行きましたか。
Bsan mo ikimashita ka.

B: いいえ、ガイドブックで 見ました。
Iie, gaidobukku de mimashita.

とても きれいですね。 私も 行きたいです。
Totemo kireedesu ne.   Watashi mo ikitaidesu.

Aさんは 広島で お好み焼きを 食べましたか。
Asan wa Hiroshima de okonomiyaki o tabemashita ka.

A: いいえ、食べませんでした。
Iie, tabemasendeshita.

B: そうですか。 広島は お好み焼きが 有名ですよ。
Soodesu ka.   Hiroshima wa okonomiyaki ga yuumeedesu yo.

A: え、そうですか。 残念です。
E, soodesu ka.   Zan'nendesu.

B: 新宿で 広島の お好み焼きを 食べる ことが できますよ。
Shinjuku de Hiroshima no okonomiyaki o taberu koto ga dekimasu yo.

A: 本当ですか。 食べたいです。 一緒に 行きませんか。
Hontoodesu ka.   Tabetaidesu.   Isshoni ikimasen ka.

B: いいですね。 じゃ、今から 行きましょう。
Iidesu ne.   Ja, ima kara ikimashoo.

Things that you want to do in Japan.   Unit 05

Let'S Talk

 質問に答えましょう。
Answer the questions.

① _____

② _____

③ _____

④ _____

⑤ _____

Unit 06　イタリアでピザを食べました。
Itaria de piza o tabemashita.
I ate pizza in Italy.

Let's Try!!

 旅行が好きですか。どこへ行きましたか。
Do you like to travel? Where have you traveled to before?

 ペアで話しましょう。
Converse in pairs.

A：私は　イタリア　へ　行きました。
　　Watashi wa　Itaria　e ikimashita.

B：イタリア　ですか。　いいですね。
　　Itaria　desu ka.　Iidesu ne.

A：私は　イタリア　と　ベトナム　と　ケニア　へ　行きました。
　　Watashi wa　Itaria　to　Betonamu　to　Kenia　e ikimashita.

B：あ、私も　イタリア　へ　行きました。
　　A, watashi mo　Itaria　e ikimashita.

Unit 06　Talk about your travels.

旅行について話す Talk about your travels.

Q3 下の☐から言葉を選んで、☐に書きましょう。
Select the correct words from the ☐ below, and fill in the respective ☐.

どこ	どうやって	だれ	いつ
doko	dooyatte	dare	itsu

A: ☐ へ 行きましたか。
　　　e　ikimashita ka.

B: イタリア へ 行きました。
　　Itaria　e　ikimashita.

A: ☐ 行きましたか。
　　　ikimashita ka.

B: 今年の1月 に 行きました。
　　Kotoshi no ichi-gatsu　ni　ikimashita.

2003年 ／ 去年の9月 ／ *先月 ✗
nisensan-nen / kyonen no ku-gatsu / *sengetsu ✗

A: ☐ と 行きましたか。
　　　to　ikimashita ka.

B: 友だち と 行きました。
　　Tomodachi　to　ikimashita.

兄 ／ 彼女 ／ *1人で ✗
ani / kanojo / *hitori de ✗

車 kuruma　飛行機 hikooki　*歩いて *aruite
船 fune　電車 densha　自転車 jitensha

A: ☐ 行きましたか。
　　　ikimashita ka.

B: 飛行機 で 行きました。
　　Hikooki　de　ikimashita.

車 ／ 電車 ／ *歩いて ✗
kuruma / densha / *aruite ✗

Talk about your travels.　Unit 06　**61**

旅行のとき、①〜⑥をしましたか。☑をつけましょう。
When traveling, did you do the activities shown in ① ~ ⑥ below? Put a check in the respective boxes if you have.

① ( )　② ( )　③ ( )
④ ( )　⑤ ( )　⑥ ( )

Q4の①〜⑥の言葉をa〜fから選んで、( )に書きましょう。
Select from a ~ f for ① ~ ⑥ in Q4, and fill in the respective ( ).

a. 買い物しました　　　b. 船に乗りました　　　c. 写真を 撮りました
　　kaimonoshimashita　　　fune ni norimashita　　　shashin o torimashita

d. 山に 登りました　　　e 泳ぎました　　　f. 美術館へ 行きました
　　yama ni noborimashita　　　oyogimashita　　　bijutsukan e ikimashita

Q5　ペアで話しましょう。
Converse in pairs.

A：私は　イタリア　へ　行きました。
　　Watashi wa　Itaria　e　ikimashita.

B：そうですか。　イタリア　で　写真を 撮り　ましたか。
　　Soodesu ka.　Itaria　de　shashin o tori　mashita ka.

A：☺ はい、　撮り　ました。
　　　Hai,　tori　mashita.

　　☹ いいえ、　撮り　ませんでした。
　　　Iie,　tori　masendeshita.

Unit 06　Talk about your travels.

Q6 Q4の他に何をしましたか。絵を描きましょう。
Other than the activities shown in Q4, what other things have you done when traveling? Draw pictures showing the activities that you did.

ex. (ピザを 食べました)
　　　Piza o tabemashita

(　　　　　　　　　　)

(　　　　　　　　　　)

(　　　　　　　　　　)

Q7 ペアで話しましょう。
Converse in pairs.

A：私は イタリア へ 行きました。
　　Watashi wa Itaria e ikimashita.

B：そうですか。イタリア で 何を しましたか。
　　Soodesu ka. Itaria de nani o shimashita ka.

A：写真を 撮りました。そして、ピザを 食べました。
　　Shashin o tori mashita. Soshite, piza o tabe mashita.

B：そうですか。いいですね。
　　Soodesu ka. Iidesu ne.

Talk about your travels.　Unit 06

Language Focus

沖縄 へ 行きました。
Okinawa e ikimashita.
└ 場所 Place

I went to Okinawa.

	肯定 Affirmative	否定 Negative
非過去 Non-past	行きます ikimasu	行きません ikimasen
過去 Past	行きました ikimashita	行きませんでした ikimasendeshita

去年の7月 に
Kyonen no shichi-gatsu ni

先週 ✗ に
Senshuu
└ 時 Time

行きました。
ikimashita.

I went
 in July last year.
 last week.

I went with my friend. (*I went alone.)

I went by plane. (*I went on foot.)

I swam in Okinawa.

I ate pizza.

I went to Okinawa too.

* 助詞 Particle (→ p.12)

Unit 06 Talk about your travels.

Try It Out

A: 旅行が 好きですか。
Ryokoo ga sukidesu ka.

B: はい、好きです。
Hai, sukidesu.

A: 最近、どこへ 行きましたか。
Saikin, doko e ikimashita ka.

B: 最近ですか。最近は、大阪へ 行きました。
Saikindesu ka. Saikin wa, Oosaka e ikimashita.

A: あ、私も 大阪へ 行きました。
A, watashi mo Oosaka e ikimashita.

B: えっ、いつ 行きましたか。
E, itsu ikimashita ka.

A: 去年の 2月に 行きました。
Kyonen no ni-gatsu ni ikimashita.

B: そうですか。私は、先月、行きました。
Soodesu ka. Watashi wa, sengetsu, ikimashita.

A: 先月ですか。だれと 行きましたか。
Sengetsudesu ka. Dare to ikimashita ka.

B: 家族と 行きました。
Kazoku to ikimashita.

A: いいですね。どうやって 行きましたか。
Iidesu ne. Dooyatte ikimashita ka.

B: 新幹線で 行きました。Aさんは？
Shinkansen de ikimashita. Asan wa?

A: 私は バスで 行きました。
Watashi wa basu de ikimashita.

B: バスですか。大阪で お好み焼きを 食べましたか。
Basudesu ka. Oosaka de okonomiyaki o tabemashita ka.

A: いいえ、食べませんでした。
Iie, tabemasendeshita.

B: そうですか。大阪で 何を しましたか。
Soodesu ka. Oosaka de nani o shimashita ka.

Talk about your travels. Unit 06

A：買い物を しました。それから、大阪城へ 行きました。
　　Kaimono o shimashita.　　Sorekara, Oosakajoo e ikimashita.

B：そうですか。たくさん 写真を 撮りましたか。
　　Soodesu ka.　　Takusan shashin o torimashita ka.

A：はい、撮りました。あ、これです。見て ください。
　　Hai, torimashita.　　A, koredesu.　　Mite kudasai.

Let'S Talk

質問に答えましょう。
Answer the questions.

① _____

② _____

③ _____

④ _____

⑤ _____

⑥ _____

⑦ _____

⑧ _____

Unit 07 春は桜がきれいです。
Haru wa sakura ga kireedesu.
Cherry blossoms are beautiful in the spring.

Q1 あなたの国はどうですか。□に入る言葉を69ページの□から選んで、みんなで話してみましょう。
What is your country like? From the □ on page 69, select words to fill in the □ with, and talk about it with everyone.

お国は □ に ありますか。
Okuni wa　　　　ni arimasu ka.

ここ　　　　　です。
Koko　　　　　desu.
韓国の となり　です。
Kankoku no tonari desu.

68　Unit 07　*Talk about your country.*

自分の国について話す Talk about your country.

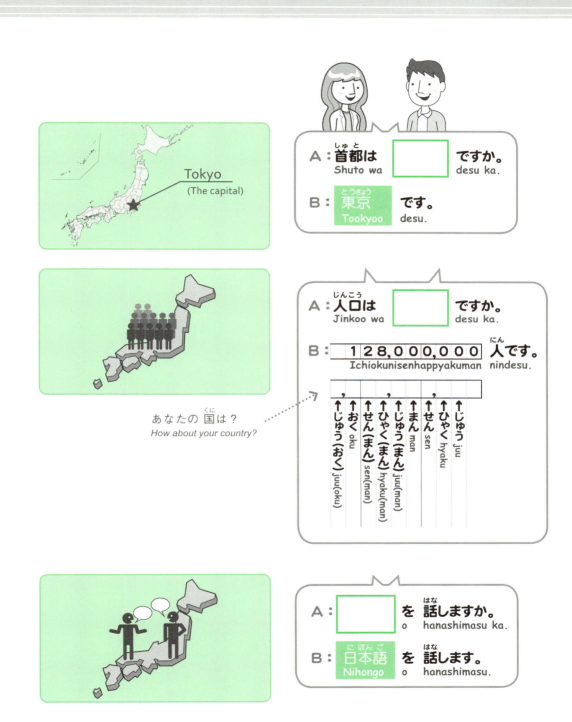

何人 nan'nin   どこ doko   何語 nanigo

Q2 71ページのA～F、①～⑧、ア～ウに入る言葉を下から選んで、（ ）に書きましょう。
From the following, select words for A~F, ①~⑧, and ア~ウ on page 71, and fill in the respective ( ).

【A～F】 〈気温・季節 Temperature, Seasons〉
- a. 秋 aki
- b. 春 haru
- c. 夏 natsu
- d. 暑い atsui
- e. 涼しい suzushii
- f. 暖かい atatakai

【①～⑧】 〈季節のもの Characteristics of each season〉
- g. 花粉 kafun
- h. 紅葉 kooyoo
- i. 雨 ame
- j. 花火大会 hanabitaikai
- k. なべ nabe
- l. きのこ kinoko
- m. 台風 taifuu
- n. 桜 sakura

【ア～ウ】
- o. きれいです kireedesu
- p. おいしいです oishiidesu
- q. 多いです ooidesu

Q3 一番暑い／寒い月に○をつけて、ペアで話しましょう。
Circle the hottest and coldest months, and talk about it in pairs.

日本 Nihon

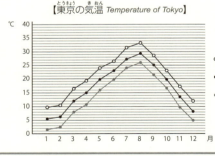
【東京の気温 Temperature of Tokyo】
— 1日の最高気温の平均 Average of the daily maximum temperature
— 平均気温 Average temperature
— 1日の最低気温の平均 Average of the daily minimum temperature

気象庁「各種データ・資料＞過去の気象データ検索＞月ごとの値」（2013年）を加工して作成

A: 何月 が 一番 暑い ですか。
   Nangatsu ga ichiban atsui desu ka.

B: 8月 が 一番 暑い です。
   Hachi-gatsu ga ichiban atsui desu.

   東京 は 33℃ くらいです。
   Tookyoo wa sanjuusan-do kuraidesu.

Unit 07　Talk about your country.

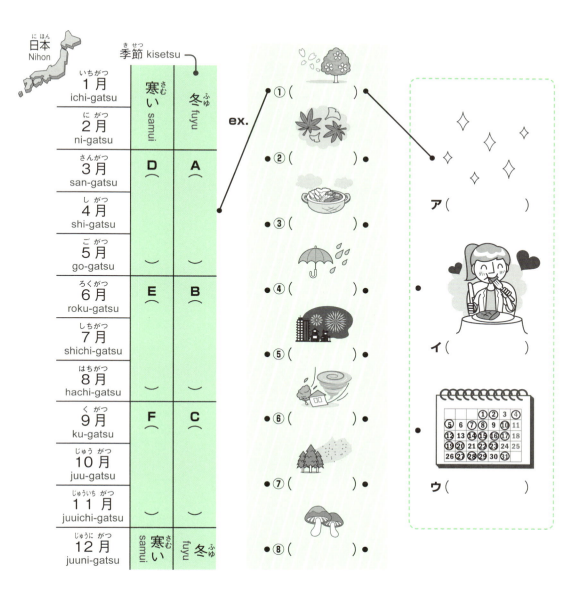

Q4 上の表を見ながら、ペアで話しましょう。
Look at the table above, and talk about it in pairs.

Q5 みなさんのお国はどうですか。71ページと同じように書いてみましょう。
How about your country? Draw descriptions in the same way as shown in page 71.

季節 kisetsu

1月 ichi-gatsu	
2月 ni-gatsu	
3月 san-gatsu	
4月 shi-gatsu	
5月 go-gatsu	
6月 roku-gatsu	
7月 shichi-gatsu	
8月 hachi-gatsu	
9月 ku-gatsu	
10月 juu-gatsu	
11月 juuichi-gatsu	
12月 juuni-gatsu	

Unit 07 *Talk about your country.*

Q6 日本は何が有名ですか。それはどうですか。
What is Japan famous for? What is the famous thing like?

> 日本は 富士山 が 有名です。
> Nihon wa Fujisan ga yuumeedesu.
> 富士山 は 高いです 。そして、きれいです 。
> Fujisan wa takaidesu. Soshite, kireedesu.

Q7 あなたの国は何が有名ですか。友だちの国は何が有名ですか。話してみましょう。
What is your country famous for? What is your friend's country famous for? Talk about these.

Talk about your country.　Unit 07

Language Focus

春 は 桜 が きれい です。
Haru wa sakura ga kiree desu.
　　　　　　　　　　　形容詞 Adjective

In the spring, cherry blossoms are beautiful.

A: 何月 が 一番 暑い ですか。
　　Nangatsu ga ichiban atsui desu ka.
　　　疑問詞 Interrogative　　形容詞 Adjective

A: Which is the hottest month?

B: 7月 が 一番 暑いです。
　　Shichi-gatsu ga ichiban atsuidesu.

B: July is the hottest month.

富士山は 高いです。 そして、きれいです。
Fujisan wa takaidesu. **Soshite,** kireedesu.

Mount Fuji is a high mountain, and a beautiful one.

Unit 07　*Talk about your country.*

Try It Out

〈スピーチスタイル〉 *Speech style*

私の 国は 日本です。
Watashi no kuni wa Nihondesu.

首都は 東京です。 私は 東京の 秋葉原に 住んで います。
Shuto wa Tookyoodesu. Watashi wa Tookyoo no Akihabara ni sunde imasu.

日本の 人口は、約 128,000,000 人です。
Nihon no jinkoo wa, yaku ichiokunisenhappyakuman-nindesu.

みんな、日本語を 話します。
Min'na, nihongo o hanashimasu.

日本は 1月が 一番 寒いです。
Nihon wa ichi-gatsu ga ichiban samuidesu.

そして、8月が 一番 暑いです。東京は 38 度くらいです。
Soshite, hachi-gatsu ga ichiban atsuidesu. Tookyoo wa sanjuuhachi-do kuraidesu.

春は 桜が きれいです。
Haru wa sakura ga kireedesu.

6月は 雨が 多いです。
Roku-gatsu wa ame ga ooidesu.

秋は きのこが おいしいです。
Aki wa kinoko ga oishiidesu.

日本は 富士山が 有名です。 富士山は とても きれいです。
Nihon wa Fujisan ga yuumeedesu. Fujisan wa totemo kireedesu.

そして、日本は アニメが おもしろいです。
Soshite, Nihon wa anime ga omoshiroidesu.

私は アニメが 大好きです。
Watashi wa anime ga daisukidesu.

ぜひ、日本へ 来て ください。
Zehi, Nihon e kite kudasai.

Let'S Talk

質問に答えましょう。
Answer the questions.

① _____

② _____

③ _____

④ _____

⑤ _____

Unit 08 プレゴという喫茶店が好きです。
Purego toiu kissaten ga sukidesu.
I like the café called "Prego."

Let's Try!!

Q1 ①〜⑥の言葉を下の □ から選んで、（ ）に書きましょう。
Select the correct words for ① ~ ⑥ from the □ below, and fill in the respective ( ).

a. 公園 kooen
b. ショッピングセンター shoppingusentaa
c. 喫茶店 kissaten
d. 図書館 toshokan
e. 映画館 eegakan
f. ゲームセンター geemusentaa

Q2 あなたはどこで？
Where do you…?

リラックス
Rirakkusu

楽しい！
Tanoshii!

気持ちがいい！
Kimochi ga ii!

Unit 08 Talk about your favorite places.

好きな場所について話す Talk about your favorite places.

Q3 好きな場所を紹介しましょう。
Introduce your favorite places.

| セントラルパーク | という | 公園 | が | 好きです。 |
| Sentorarupaaku | toiu | kooen | ga | sukidesu. |

| プレゴ | という | 喫茶店 | が | 好きです。 |
| Purego | toiu | kissaten | ga | sukidesu. |

Q4 ペアで話しましょう。
Converse in pairs.

A：どこ が 好きですか。
　　Doko　　　ga sukidesu ka.

B：伊勢丹 という デパート が 好きです。
　　Isetan　toiu　depaato　ga sukidesu.

A：どこ に ありますか。
　　Doko　ni arimasu ka.

B：東京 の 新宿 に あります。
　　Tookyoo no Shinjuku ni arimasu.

Talk about your favorite places.　Unit 08

Q5

①〜⑯の言葉を 81 ページの ▨ から選んで、（ ）に書きましょう。
Select the correct words for ① ~ ⑯ from the ▨ on page 81, and fill in the respective ( ).

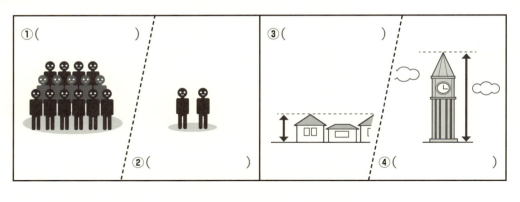

① ( ) ② ( ) ③ ( ) ④ ( )

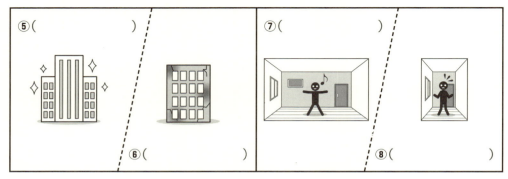

⑤ ( ) ⑥ ( ) ⑦ ( ) ⑧ ( )

⑨ ( ) ⑩ ( ) ⑪ ( ) ⑫ ( )

⑬ ( ) ⑭ ( ) ⑮ ( ) ⑯ ( )

80 Unit 08 *Talk about your favorite places.*

Q6 あなたの家の近くに 78 ページの a ~ f がありますか。ペアで話しましょう。
Are the places listed in a ~ f on page 78 found near your home? Converse in pairs.

A: 家の 近くに スーパー が あります。
Ie no chikaku ni suupaa ga arimasu.

B: どんな スーパー ですか。
Don'na suupaa desu ka.

A: とても 広いです。
Totemo hiroidesu.

Q7 ペアで話しましょう。
Converse in pairs.

A: プレゴ という 喫茶店 が 好きです。
Purego toiu kissaten ga sukidesu.

B: そこは どんな 喫茶店 ですか。
Soko wa don'na kissaten desu ka.

A: 新しいです。そして、広いです。
Atarashiidesu. Soshite, hiroidesu.

a. 高いです / takaidesu
b. 狭いです / semaidesu
c. 暗いです / kuraidesu
d. 人が 少ないです / hito ga sukunaidesu
e. 静かです / shizukadesu
f. 新しいです / atarashiidesu
g. 低いです / hikuidesu
h. にぎやかです / nigiyakadesu
i. 広いです / hiroidesu
j. 大きいです / ookiidesu
k. きれいです / kireedesu
l. 人が 多いです / hito ga ooidesu
m. 古いです / furuidesu
n. 明るいです / akaruidesu
o. 小さいです / chiisaidesu
p. 汚いです / kitanaidesu

Talk about your favorite places. **Unit 08**

Q8 例のように、あなたが好きな場所を描きましょう。
Draw your favorite place as shown in the example.

あなたが好きな場所 Your favorite place

上の①～⑥の言葉をa～iから選んで、（　）に書きましょう。
Select from a ~ e for ① ~ ⑥ above, and fill in the respective (　).

a. テーブル　　b. 本棚　　c. いす　　d. 木　　e. ソファー
　 teeburu　　　 hondana　　 isu　　　 ki　　　 sofaa

f. 絵　　g. 机　　h. 花　　i. ピアノ
　 e　　　 tsukue　 hana　　 piano

Q9 Q8の絵を見ながら、ペアで話しましょう。
Look at the picture in Q8 and converse in pairs.

私は　プレゴ　という　喫茶店　が　好きです。
Watashi wa　Purego　toiu　kissaten　ga　sukidesu.

そうですか。
Soodesu ka.

どうして好きですか。
Dooshite sukidesu ka.

ピアノ　が　ありますから。
Piano　ga arimasu kara.

ピアノ　と　絵　と　ソファー　が　ありますから。
Piano　to　e　to　sofaa　ga arimasu kara.

ピアノ　や　絵　など　が　ありますから。
Piano　ya　e　nado　ga arimasu kara.

Unit 08　Talk about your favorite places.

Try It Out

A : きのう、どこへ 行きましたか。
Kinoo, doko e ikimashita ka.

B : 喫茶店へ 行きました。
Kissaten e ikimashita.

A : そうですか。
Soodesu ka.

B : おとといも 行きました。
Ototoi mo ikimashita.

A : え、おととい も ですか。
E, ototoi mo desu ka.

B : はい。私は、ソワレという 喫茶店が とても 好きです。
Hai. Watashi wa, Soware toiu kissaten ga totemo sukidesu.

A : へえ。どこに ありますか。
Hee. Doko ni arimasu ka.

B : 秋葉原に あります。
Akihabara ni arimasu.

A : 秋葉原ですか。どんな 喫茶店ですか。
Akihabaradesu ka. Don'na kissatendesu ka.

B : 新しいです。そして、とても 広いです。
Atarashiidesu. Soshite, totemo hiroidesu.

A : そうですか。どうして そこが 好きですか。
Soodesu ka. Dooshite soko ga sukidesu ka.

B : ピアノや 絵が ありますから。
Piano ya e ga arimasu kara.

そして、大きい ソファーも あります。
Soshite, ookii sofaa mo arimasu.

A : そうですか。いいですね。
Soodesu ka. Iidesu ne.

B : はい、とても リラックスできます。
Hai, totemo rirakkusudekimasu.

Unit 08 Talk about your favorite places.

Let'S Talk

 質問に答えましょう。
Answer the questions.

① _____

② _____

③ _____

④ _____

⑤ _____

Unit 09 毎日、朝ごはんを食べます。
Mainichi, asagohan o tabemasu.
I eat breakfast every morning.

Let's Try!!

Q1 ①〜⑤の言葉を下の □ から選んで、( ) に書きましょう。
Select the correct words for ① ~ ⑤ from the □ below, and fill in the respective ( ).

① ( )　② ( )　③ ( )
④ ( )　⑤ ( )

a. メールします　　b. 掃除します　　c. 洗濯します
　　meerushimasu 　　　soojishimasu 　　　 sentakushimasu

d. 料理します　　e. 電話します
　　ryoorishimasu　　　denwashimasu

Q2 ペアで話しましょう。
Converse in pairs.

 毎日、家族に 電話します か。
Mainichi, kazoku ni denwashimasu ka.

 はい、毎日 します。
Hai, mainichi shimasu.

 いいえ、1週間に 3回（くらい） します。
Iie, i-sshuukan ni san-kai (kurai) shimasu.

習慣について話す Talk about your habits.

Q3
①〜⑥の言葉を下の ☐ から選んで、（　）に書きましょう。
Select the correct words for ① ~ ⑥ from the ☐ below, and fill in the respective (　).

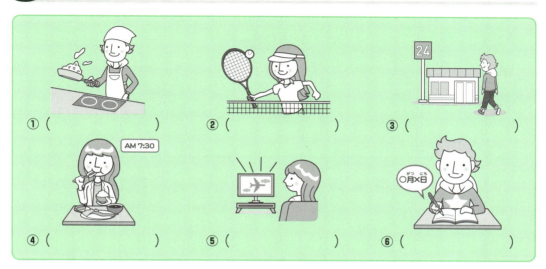

① (　　) ② (　　) ③ (　　)
④ (　　) ⑤ (　　) ⑥ (　　)

a. スポーツを します
　 supootsu o shimasu

b. 日記を 書きます
　 nikki o kakimasu

c. 朝ごはんを 食べます
　 asagohan o tabemasu

d. コンビニへ 行きます
　 kombini e ikimasu

e. 料理を します
　 ryoori o shimasu

f. テレビを 見ます
　 terebi o mimasu

Q4
ペアで話しましょう。
Converse in pairs.

A: 毎日、コンビニへ 行きます か。
　 Mainichi, kombini e ikimasu ka.

毎日 Mainichi
よく Yoku
時々 Tokidoki
　　　→ 行きます。 ikimasu.

あまり Amari
全然 Zenzen
　　　→ 行きません。 ikimasen.

Talk about your habits.　Unit 09

Q5 例のように書きましょう。
Write out your schedule as shown in the example.

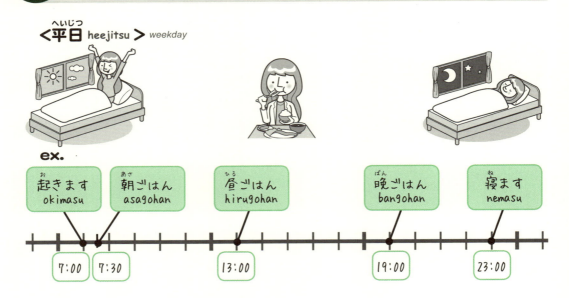

Unit 09 *Talk about your habits.*

Q6 Q5を見ながら、ペアで質問しましょう。
In pairs, ask each other questions using Q5.

Q7 例のように、Q5の図に追加しましょう。
Add to the diagram in Q5 as shown in the example below.

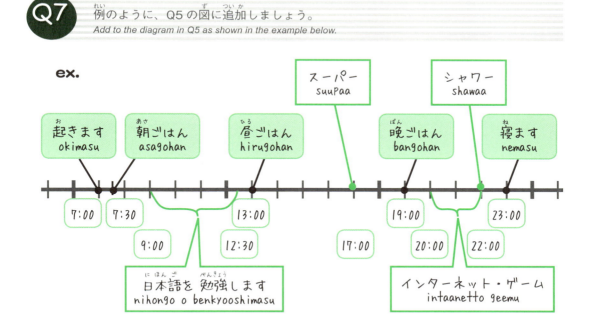

Q8 Q5の図を見ながら、平日の生活を話しましょう。
Talk about your daily life during the weekdays using the diagram in Q5.

Q9

□に入る言葉を下の□から選んで書きましょう。Q8の友だちの話を聞いて、いろいろ質問しましょう。
Select the correct words from the □ below, and fill in the respective □. Listen to what your friend says in Q8, and ask various questions.

いつ	何時	何時間	どこ
itsu	nanji	nanjikan	doko

A: □ で 昼ごはんを 食べます か。
　　　 de　hirugohan o　tabemasu　ka.

B: 家 で 食べます。でも、時々、レストラン で 食べます。
　 Ie　de　tabe masu.　Demo, tokidoki, resutoran　de　tabe masu.

A: □ から □ まで 日本語を 勉強し ますか。
　　　　kara　　　made　nihongo o benkyooshi masu ka.

B: 9時 から 12時半 まで 勉強し ます。
　 Ku-ji　kara　juuni-jihan　made　benkyooshi masu.

A: □ （くらい） インターネットを しますか。
　　　　 kurai　　intaanetto o　shimasu ka.

B: 2時間 （くらい） します。
　 Ni-jikan　kurai　shimasu.

A: □ に／ごろ 家へ 帰りますか。
　　　　ni/goro　ie e　kaeri masu ka.

B: 18時 に／ごろ 帰ります。
　 Juuhachi-ji　ni/goro　kaeri masu.

Unit 09　*Talk about your habits.*

Q10 ペアで話しましょう。
Converse in pairs.

〈友だち tomodachi〉 *with a friend*

A：毎日、何時に 起きますか。
Mainichi, nanji ni okimasu ka.

B：7時に 起きます。
Shichi-ji ni okimasu.

A：毎日、何時に 起きる？
Mainichi, nanji ni okiru?

B：7時に 起きる。
Shichi-ji ni okiru.

A：毎日、日記を 書きますか。
Mainichi, nikki o kakimasu ka.

B：いいえ、時々 書きます。
Iie, tokidoki kakimasu.

A：毎日、日記を 書く？
Mainichi, nikki o kaku?

B：ううん、時々 書く。
Uun, tokidoki kaku.

A：毎日、朝ごはんを 食べますか。
Mainichi, asagohan o tabemasu ka.

B：はい、毎日 食べます。
Hai, mainichi tabemasu.

A：毎日、朝ごはんを 食べる？
Mainichi, asagohan o taberu?

B：うん、毎日 食べる。
Un, mainichi taberu.

A：よく 料理を しますか。
Yoku ryoori o shimasu ka.

B：はい、よくします。
Hai, yoku shimasu.

A：よく 料理を する？
Yoku ryoori o suru?

B：うん、よくする。
Un, yoku suru.

Talk about your habits. **Unit 09**

Language Focus

毎日(まいにち)、メール**します**。
Mainichi, meerushi**masu**.   *I send e-mails every day.*

	肯定(こうてい) Affirmative	否定(ひてい) Negative
非過去(ひかこ) Non-past	し**ます** shi**masu**	し**ません** shi**masen**
過去(かこ) Past	し**ました** shi**mashita**	し**ませんでした** shi**masendeshita**

1週間(いっしゅうかん) に 3回(さんかい) (くらい) します。
I-sshuukan **ni** san-kai (kurai) shimasu.
└ 期間(きかん) Time span   └ 回数(かいすう) Number of times
I do it (about) three times in a week.

毎日(まいにち)、 Mainichi,
よく、 Yoku,
時々(ときどき)、 Tokidoki,
電話(でんわ)を かけ**ます**。 denwa o kake**masu**.
I talk on the phone every day. / often. / sometimes.

あまり、 Amari,
全然(ぜんぜん)、 Zenzen,
電話(でんわ)を かけ**ません**。 denwa o kake**masen**.
I do not talk on the phone frequently. / at all.

レストラン で 昼(ひる)ご飯(はん)を 食(た)べます。
Resutoran **de** hirugohan o tabemasu.
└ 場所(ばしょ) Place
I eat lunch at the restaurant.

Unit 09 *Talk about your habits.*

10時 **から** 13時 **まで** 勉強します。
Juu-ji **kara** juusan-ji **made** benkyooshimasu.
└ 時1 Time1   └ 時2 Time2

I study from 10:00 a.m. to 1:00 p.m.

A: **どのくらい** 勉強しますか。
   Donokurai benkyooshimasu ka.

A: How long do you study for?

B: 3時**間** (くらい) 勉強します。
   San-ji**kan** (kurai) benkyooshimasu.

B: I study for (about) three hours.

7時 **に／ごろ** 寝ます。
Shichi-ji **ni/goro** nemasu.
└ 時 Time

I sleep at/at about 7:00 p.m.

毎日、7時に **起きる**。
Mainichi, shichi-ji ni **okiru**.
        └ 動詞（辞書形）Verb (Dictionary-form) (→ p.9)

I wake up at 7:00 a.m. every day.

Talk about your habits. **Unit 09**

Try It Out

A: 毎日、何時間くらい寝ますか。
Mainichi, nanjikan kurai nemasu ka.

B: うーん、6時間くらい寝ます。Aさんは？
Uun, roku-jikan kurai nemasu. Asan wa?

A: 私は8時間くらい寝ます。Bさんは、毎日、何時に起きますか。
Watashi wa hachi-jikan kurai nemasu. Bsan wa, mainichi, nanji ni okimasu ka.

B: 私は毎日5時半に起きます。
Watashi wa mainichi go-jihan ni okimasu.

A: 5時半！　早いですね。
Go-jihan! Hayaidesu ne.

B: そうですか。毎朝、ジョギングをします。
Soodesu ka. Maiasa, jogingu o shimasu.

A: 毎朝ですか。すごいですね。
Maiasa desu ka. Sugoidesu ne.

B: Aさんは何時に起きますか。
Asan wa nanji ni okimasu ka.

A: 私は7時半に起きます。それから、学校へ行きます。
Watashi wa shichi-jihan ni okimasu. Sorekara, gakkoo e ikimasu.

B: そうですか。何時から何時まで学校で勉強しますか。
Soodesu ka. Nanji kara nanji made gakkoo de benkyooshimasu ka.

A: 9時から3時まで勉強します。
Ku-ji kara san-ji made benkyooshimasu.

B: そうですか。どこで昼ご飯を食べますか。
Soodesu ka. Doko de hirugohan o tabemasu ka.

A: 学校で弁当を食べます。でも、時々レストランで食べます。
Gakkoo de bentoo o tabemasu. Demo, tokidoki resutoran de tabemasu.

B: そうですか。
Soodesu ka.

〈友だち会話 tomodachi-kaiwa〉 Converse with a friend

A：毎日、何時間くらい 寝る？
Mainichi, nanjikan kurai neru?

B：うーん、6時間くらい。 Aさんは？
Uun, roku-jikan kurai. Asan wa?

A：私は 8時間くらい 寝るよ。 Bさんは、毎日、何時に 起きる？
Watashi wa hachi-jikan kurai neru yo. Bsan wa, mainichi, nanji ni okiru?

B：私は 5時半。
Watashi wa go-jihan.

A：5時半！ 早いね。
Go-jihan! Hayai ne.

B：そう？ 毎朝、ジョギングするよ。
Soo? Maiasa, jogingusuru yo.

A：毎朝？ すごいね。
Maiasa? Sugoi ne.

B：Aさんは 何時に 起きる？
Asan wa nanji ni okiru?

A：私は 7時半。 それから、学校へ 行くよ。
Watashi wa shichi-jihan. Sorekara, gakkoo e iku yo.

B：そう。何時から 何時まで 学校で 勉強するの？
Soo. Nanji kara nanji made gakkoo de benkyoosuru no?

A：9時から 3時まで。
Ku-ji kara san-ji made.

B：そう。どこで 昼ご飯を 食べるの？
Soo. Doko de hirugohan o taberu no?

A：学校で 弁当を 食べるよ。でも、時々 レストランで 食べる。
Gakkoo de bentoo o taberu yo. Demo, tokidoki resutoran de taberu.

B：そうなんだ。
Soonanda.

Talk about your habits. Unit 09

Let'S Talk

　　　しつもん　こた
　　　質問に答えましょう。
　　　Answer the questions.

① _____

② _____

③ _____

④ _____

⑤ _____

⑥ _____

Unit 10 これ、ください。
Kore, kudasai.
Could I have this please?

Let's Try!!

Q1 デパートでよく何を買いますか。
What do you often buy at the department store?

Q2 上の ☐ のものを買いましょう。店員に何と言いますか。
Buy the things you have written in the ☐ above. What do you say to the salespeople?

すみません。
Sumimasen.

ショートケーキ (を) ください。
Shootokeeki (o) kudasai.

すみません。
Sumimasen.

チーズケーキ を 2つ ください。
Chiizukeeki o futatsu kudasai.

Unit 10　Talk to salespeople.

Q5 店で試着しますか。☑ をつけましょう。
Do you try on clothes at the store? Check the boxes for items that you try on.

- ☐ コート kooto
- ☐ セーター seetaa
- ☐ 下着 shitagi
- ☐ ネックレス nekkuresu
- ☐ ネクタイ nekutai
- ☐ ズボン zubon
- ☐ スカート sukaato
- ☐ 水着 mizugi
- ☐ マフラー mafuraa
- ☐ スカーフ sukaafu
- ☐ ジャケット jaketto
- ☐ シャツ shatsu
- ☐ くつ kutsu

Q6 店員に何と言いますか。
What do you say to the salespeople?

この シャツ、試着しても いいですか。
Kono shatsu, shichakushitemo iidesu ka.

どうぞ。
Doozo.

この ネックレス、して みても いいですか。
Kono nekkuresu, shite mitemo iidesu ka.

どうぞ。
Doozo.

Talk to salespeople. Unit 10

Q7 店員に何と言いますか。下の □ から言葉を選んで、話しましょう。
What do you say to the salespeople? Select words from the □ below, and have a conversation.

| サイズ | が | 少し | 大きい | です。 |
| Saizu | ga | sukoshi | ookii | desu. |

もっと 小さい のが ありますか。
Motto chiisai no ga arimasu ka.

すそ	大きい	長い
suso	ookii	nagai
サイズ	低い	高い
saizu	hikui	takai
値段	安い	小さい
nedan	yasui	chiisai
ヒール	短い	
hiiru	mijikai	

102 Unit 10 Talk to salespeople.

Language Focus

104 Unit 10 *Talk to salespeople.*

Try It Out

店員：いらっしゃいませ。
tenin: Irasshaimase.

お客様、この ジャケット、いかがですか。
Okyakusama, kono jaketto, ikagadesu ka.

客：うーん、色が ちょっと……。他の 色が ありますか。
kyaku: Uun, iro ga chott…… Hoka no iro ga arimasu ka.

店員：はい、少々お待ちください。
Hai, shooshoo omachikudasai.

︙

お待たせしました。この 色は いかがですか。
Omataseshimashita. Kono iro wa ikagadesu ka.

客：あ、いいですね。
A, iidesu ne.

その ジャケット、試着しても いいですか。
Sono jaketto, shichakushitemo iidesu ka.

店員：ええ、どうぞ。
Ee, doozo.

︙

店員：いかがですか。
Ikagadesu ka.

客：うーん、サイズが 少し 小さいです。
Uun, saizu ga sukoshi chiisaidesu.

もう少し 大きいのが ありますか。
Moosukoshi ookii no ga arimasu ka.

店員：はい、少々 お待ちください。
Hai, shooshoo omachikudasai.

︙

店員：お待たせしました。どうぞ。
Omataseshimashita. Doozo.

客：あ、どうも。
A, dooomo.

Talk to salespeople. Unit 10

店員：サイズはいかがですか。
　　　Saizu wa ikagadesu ka.

客：ちょうどいいです。これ、ください。
　　Choodoiidesu.　　　　Kore, kudasai.

店員：はい、ありがとうございます。
　　　Hai, arigatoogozaimasu.
　　⋮

Let'S Talk

🎧 ①~③は、続きを言いましょう。④は、質問に答えましょう。
Continue the conversation for ① to ③. Answer the question for ④.

① _____

② _____

③ _____

④ _____

Unit 11 誕生日に花をもらいました。
Tanjoobi ni hana o moraimashita.
I received flowers on my birthday.

Let's Try!!

Q1 いつしますか。
When do you do it?

Q2 何と言いますか。
What do you say?

これ、プレゼントです。
Kore, purezentodesu.

どうぞ。
Doozo.

ありがとうございます。
Arigatoogozaimasu.

開けても いいですか。
Aketemo iidesu ka.

かわいいです ね。
Kawaiidesu　ne.

きれいです
kireedesu

おいしそうです
oishisoodesu

かっこいいです
kakkoiidesu

Unit 11　Talk about gifts.

プレゼントについて話す　Talk about gifts.

Q3 あなたは何がいいですか。描いてみましょう。そして、話しましょう。
What do you want? Draw a picture of what you would like.

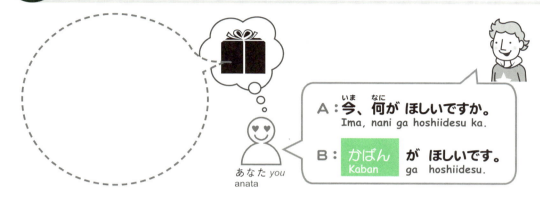

A：今、何が ほしいですか。
　　Ima, nani ga hoshiidesu ka.

B：かばん が ほしいです。
　　Kaban　ga　hoshiidesu.

あなた you
anata

Q4 家族や友だちの誕生日を書きましょう。
Write down the birthdays of your family and friends.

ex.

（アンナさん）
an'nasan
4月　1日

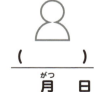
（　　　）
月　　日

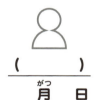
（　　　）
月　　日

（　　　）
月　　日

Q5 Q4の日に何をしましたか。
What did you do on the dates listed in Q4?

どうぞ。
Doozo.

ありがとう
ございます。
Arigatoogozaimasu.

アンナさん
An'nasan

アンナさん に カード を あげました。
An'nasan　ni　kaado　o　agemashita.

（いっしょに）食事し ました。
（Isshoni）　shokujishi mashita.

Talk about gifts.　Unit 11　**109**

Q6 あなたの誕生日はいつですか。何をしましたか。
When is your birthday? What did you do?

ありがとう。 Arigatoo.
いいえ。 Iie.
ダリアさん Dariasan

ダリアさん に プレゼント を もらいました。
Dariasan ni purezento o moraimashita.

Q7 去年のQ1の日に、何をしましたか。
What did you do on the date in Q1 last year?

A: 去年の クリスマス に、
Kyonen no kurisumasu ni,
母 に スカーフ を あげました。
haha ni sukaafu o agemashita.
B: そうですか。
Soodesu ka.

A: 去年の バレンタインデー に、
Kyonen no barentaindee ni,
彼女 に チョコレート を もらいました。
kanojo ni chokoreeto o moraimashita.
B: いいですね。 私は 何も もらいませんでした。
Iidesu ne. Watashi wa nanimo morai masendeshita.

110 Unit 11 Talk about gifts.

Q8 友だちにプレゼントをあげましょう。何がいいでしょうか。ペアで話しましょう。
　　　□に言葉を書いて、質問しましょう。

Give your friend a gift. What would be a good gift for your friend? Converse in pairs.
Write words into the □ and ask questions.

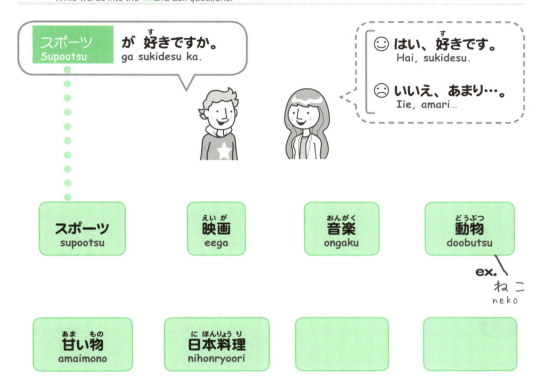

Q9 下の□から言葉を選んで、Q8の図に例のように書きましょう。
Select words from the □ below, and form sentences as shown in the example in Q8.

a. テニス　tenisu
b. すし　sushi
c. ケーキ　keeki
d. ホラー　horaa
e. ジャズ　jazu
f. 野球　yakyuu
g. 犬　inu
h. ポップス　poppusu
i. ~~ねこ~~　neko
j. コメディ　komedii
k. クッキー　kukkii
l. 天ぷら　tempura

※他にも知っている言葉があったら、書きましょう。
Write down any other words that you know.

Talk about gifts.　Unit 11

Q10 もう一度ペアで話しましょう。
Converse in pairs again.

A: 音楽 が 好きですか。
   Ongaku ga sukidesu ka.

B: はい、好きです。
   Hai sukidesu.

A: そうですか。
   Soodesu ka.

   どんな 音楽 が 好きですか。
   Don'na ongaku ga sukidesu ka.

B: ジャズ が 好きです。
   Jazu ga sukidesu.

Q11 友だちのプレゼントは決まりましたか。下に描いて、プレゼントしましょう。
Have you decided on what to give your friend? Draw it into the blank space below, and give it to your friend.

112　Unit 11　Talk about gifts.

Language Focus

Try It Out

A：Bさんは スポーツが 好きですか。
Bsan wa supootsu ga sukidesu ka.

B：はい、好きです。
Hai, sukidesu.

A：どんな スポーツが 好きですか。
Don'na supootsu ga sukidesu ka.

B：バスケットボールが 好きです。
Basukettobooru ga sukidesu.

A：バスケットボールですか。よく しますか。
Basukettoboorudesu ka.　Yoku shimasu ka.

B：はい、毎週 日曜日に します。
Hai, maishuu nichi-yoobi ni shimasu.
今年の 誕生日に、父に バスケットボールの シューズを もらいました。
Kotoshi no tanjoobi ni chichi ni basukettobooru no shuuzu o moraimashita.

A：へえ、いいですね。
Hee, iidesu ne.

B：Aさんも スポーツが 好きですか。
Asan mo supootsu ga sukidesu ka.

A：はい、好きです。
Hai, sukidesu.

B：どんな スポーツが 好きですか。
Don'na supootsu ga sukidesu ka.

A：私は テニスが 大好きです。
Watashi wa tenisu ga daisukidesu.

B：そうですか。
Soodesu ka.

A：ああ、新しい テニスの ラケットが ほしいです。
Aa, atarashii tenisu no raketto ga hoshiidesu.

Let'S Talk

質問に答えましょう。
Answer the questions.

① _____

② _____

③ _____

④ _____

⑤ _____

⑥ _____

Unit 12 家の近くにスーパーがあります。
Ie no chikaku ni suupaa ga arimasu.
There is a supermarket near my home.

Let's Try!!

Q1 地図を見てペアで話しましょう。
Study the map and converse in pairs.

A: どこ に 住んで いますか。
  Doko ni sunde imasu ka.

B: 上野 に 住んで います。
  Ueno ni sunde imasu.

Unit 12 Explain about the area near your home.

家の近くを説明する Explain about the area near your home.

Q2

①~④の言葉を下の □ から選んで、（ ）に書きましょう。ペアで話しましょう。
Select the correct words for ① ~ ④ from the □ below, and fill in the respective ( ). Converse in pairs.

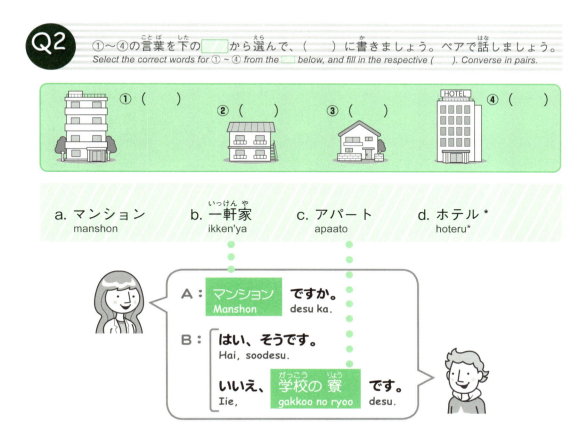

a. マンション
manshon

b. 一軒家(いっけんや)
ikken'ya

c. アパート
apaato

d. ホテル *
hoteru*

A: マンション ですか。
　　Manshon desu ka.

B: はい、そうです。
　　Hai, soodesu.

　　いいえ、学校の寮(がっこうのりょう)です。
　　Iie, gakkoo no ryoo desu.

Q3

あなたの家の近くは、どちら（どう）ですか。
Which of the following describes the area near your home?

家の近くは 静かです。
Ie no chikaku wa shizukadesu.

家の近くは にぎやかです。
Ie no chikaku wa nigiyakadesu.

Explain about the area near your home. Unit 12

Q4

①～⑨の言葉を119ページの □ から選んで、( ) に書きましょう。
Select the correct words for ① ~ ⑨ from the □ on page 119, and fill in the respective ( ).

Q5

Q4のように、あなたの家の近くを描きましょう。
Draw the area near your home as shown in Q4.

Unit 12 *Explain about the area near your home.*

a. スーパー 　b. 銀行(ぎんこう) 　c. コンビニ 　d. レストラン
　suupaa　　　　ginkoo　　　　　　kombini　　　　resutoran

e. 本屋(ほんや) 　f. 病院(びょういん) 　g. ドラッグストア 　h. 郵便局(ゆうびんきょく)
　hon'ya　　　　　byooin　　　　　　　doraggusutoa　　　yuubinkyoku

i. カフェ（コーヒーショップ／喫茶店(きっさてん)）
　kafe (koohiishoppu / kissaten)

Q6 　Q5を見(み)て、ペアで話(はな)しましょう。
Converse in pairs using Q5.

A：家(いえ)の 近(ちか)くに スーパー が ありますか。
　Ie no chikaku ni suupaa ga arimasu ka.

B： ☺ はい、あります。
　　　Hai, arimasu.

　　☹ いいえ、ありません。
　　　Iie, arimasen.

A：家(いえ)の 近(ちか)くに 何(なに)が ありますか。
　Ie no chikaku ni nani ga arimasu ka.

B： ・ スーパー と 銀行(ぎんこう) と レストラン が あります。
　　　Suupaa　to　ginkoo　to　resutoran　ga arimasu.

　　・ スーパー や 銀行(ぎんこう) など が あります。
　　　Suupaa　ya　ginkoo　nado　ga arimasu.

Explain about the area near your home.　Unit 12

①〜⑤の言葉を下の □ から選んで、（ ）に書きましょう。ペアで話しましょう。
Select the correct words for ① ~ ⑤ from the □ below, and fill in the respective ( ). Converse in pairs.

a. にぎやかです
nigiyakadesu

b. 新しいです
atarashiidesu

c. おいしいです
oishiidesu

d. 高いです
takaidesu

e. 小さいです
chiisaidesu

Unit 12　*Explain about the area near your home.*

Q8

反対の言葉は何ですか。(　)の言葉を下の ☐ から選んで、書きましょう。
What are the antonyms for the following words? Fill in the respective (　) with the correct words from the ☐ below.

① にぎやかです ⇔ (　　　　　)　　② 新しいです ⇔ (　　　　　)
　nigiyakadesu　　　　　　　　　　　atarashiidesu

③ おいしいです ⇔ (　　　　　)　　④ 高いです ⇔ (　　　　　)
　oishiidesu　　　　　　　　　　　　takaidesu

⑤ 小さいです ⇔ (　　　　　)　　　⑥ 便利です ⇔ (　　　　　)
　chiisaidesu　　　　　　　　　　　benridesu

a. 古いです　　b. 安いです　　c. 大きいです　　d. 不便です
　 furuidesu　　　yasuidesu　　　ookiidesu　　　　fubendesu

e. 静かです　　f. おいしくありません（まずいです）
　 shizukadesu　　oishikuarimasen (mazuidesu)

Q9

ペアで話しましょう。
Converse in pairs.

A: 家の 近くに 何が ありますか。
　 Ie no chikaku ni nani ga arimasu ka.

B: レストラン や 本屋 など が あります。
　 Resutoran ya hon'ya nado ga arimasu.

A: そうですか。
　 Soodesu ka.

　 どんな レストラン ですか。
　 Don'na resutoran desu ka.

B: 新しいです。 そして、おいしいです。 でも、高いです。
　 Atarashiidesu. Soshite, oishiidesu. Demo, takaidesu.

Explain about the area near your home.　**Unit 12**

Language Focus

上野 に 住んで います。
Ueno ni sunde imasu.
└ 場所 Place

I live in Ueno.

家の 近く に スーパー が あります。
Ie no chikaku ni suupaa ga arimasu.
└ 場所 Place   └ 名詞 Noun

There is a supermarket near my home.

スーパー と 銀行 と レストラン が あります。
Suupaa to ginkoo to resutoran ga arimasu.
└ 名詞 Noun └ 名詞 Noun └ 名詞 Noun

スーパー や 銀行 など
Suupaa ya ginkoo nado
└ 名詞 Noun └ 名詞 Noun

There is
 a supermarket, a bank, and a restaurant.

 a supermarket, a bank, and other places.

A: どんな レストラン ですか。
Don'na resutoran desu ka.
         └ 名詞 Noun

A: What kind of restaurant is it?

B: 新しいです 。 そして、 おいしいです 。
Atarashiidesu. Soshite, oishiidesu.
└ 形容詞 Adjective   └ 形容詞 Adjective

でも、 高いです 。
Demo, takaidesu.
       └ 形容詞 Adjective

B: It is new, and the food is delicious. However, it is expensive.

A: 家の 近くに コンビニが ありますか。
Ie no chikaku ni kombini ga arimasu ka.

A: Is there a convenience store near your home?

B: いいえ、ありません。
Iie, arimasen.

B: No, there isn't.

122 Unit 12 Explain about the area near your home.

Try It Out

A：Bさん、どこに住んでいますか。
Bsan, doko ni sunde imasu ka.

B：上野に住んでいます。
Ueno ni sunde imasu.

A：そうですか。マンションですか。
Soodesu ka. Manshondesu ka.

B：はい、そうです。
Hai, soodesu.

A：家の近くは静かですか。
Ie no chikaku wa shizukadesu ka.

B：はい、静かです。
Hai, shizukadesu.

A：そうですか。家の近くにコンビニがありますか。
Soodesu ka. Ie no chikaku ni kombini ga arimasu ka.

B：いいえ、ありません。
Iie, arimasen.

A：スーパーは？
Suupaa wa?

B：いいえ、ありません。
Iie, arimasen.

A：そうですか。家の近くに何がありますか。
Soodesu ka. Ie no chikaku ni nani ga arimasu ka.

B：えっと……、ラーメン屋と郵便局があります。
Etto......, raamen'ya to yuubinkyoku ga arimasu.

A：へえ。どんなラーメン屋ですか。
Hee. Don'na raamen'yadesu ka.

B：とてもおいしいです。そして、安いです。
Totemo oishiidesu. Soshite, yasuidesu.
今度、いっしょに行きましょう。
Kondo, isshoni ikimashoo.

A：いいですね。行きましょう。
Iidesu ne. Ikimashoo.

Explain about the area near your home. **Unit 12**

Let'S Talk

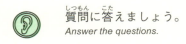
質問に答えましょう。
Answer the questions.

① _____

② _____

③ _____

④ _____

⑤ _____

⑥ _____

⑦ _____

Unit 12 *Explain about the area near your home.*

Unit 13 日本の夏とお国の夏とどちらが暑いですか。
Nihon no natsu to okuni no natsu to dochira ga atsuidesu ka.
Is summer hotter in Japan or in your country?

Let's Try!!

Q1 あなたの国の絵と人口を書きましょう。日本と比べましょう。
Draw a map of your country and write down the population. Compare it with Japan.

378,000km²

「>」ですか。「<」ですか。
Is it ">" or "<"?

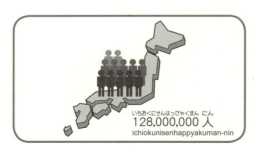
128,000,000 人
ichiokunisenhappyakuman-nin

Q2 ペアで話しましょう。
Converse in pairs.

いつ 日本へ 来ましたか。
Itsu nihon e kimashita ka.

先週	来ました。
Senshuu	kimashita.
4月	に 来ました。
Shi-gatsu	ni kimashita.

Unit 13 *Compare your country and Japan.*

自分の国と日本を比べる Compare your country and Japan.

Q3 ①〜⑥の言葉を下の□から選んで、（　）に書きましょう。ペアで話しましょう。
Select the correct words for ① ~ ⑥ from the □ below, and fill in the respective (　). Converse in pairs.

A：日本の 生活は どうですか。
Nihon no seekatsu wa doodesu ka.

B：忙しいです。
Isogashiidesu.

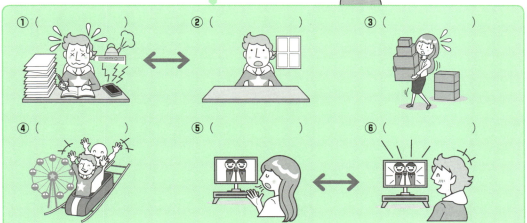

① (　　)　② (　　)　③ (　　)
④ (　　)　⑤ (　　)　⑥ (　　)

a. 楽しいです　　b. つまらないです　　c. 忙しいです
　 tanoshiidesu　　 tsumaranaidesu　　　 isogashiidesu

d. 暇です　　　　e. 大変です　　　　　f. おもしろいです
　 himadesu　　　 taihendesu　　　　　 omoshiroidesu

A：日本の 生活に 慣れましたか。
Nihon no seekatsu ni naremashita ka.

B：😊 はい、慣れました。
　　 Hai, naremashita.

　　 ☹ いいえ、まだです。
　　 Iie, madadesu.

日本のa～mのものはどうですか。ペアで話しましょう。
How are the a ~ m in Japan? Converse in pairs.

a. 電車 densha　　b. スーパー suupaa　　c. レストラン resutoran
g. 食べ物 tabemono　　h. タクシー takushii　　i. 店員 ten'in
m. 春／夏／秋／冬 haru / natsu / aki / fuyu

A：日本の 電車 は どうですか。
　　Nihon no densha wa doodesu ka.

B： きれいです。 そして、 速いです。
　　 Kireedesu. Soshite, hayaidesu.
　　　　　　　　でも、 高いです。
　　　　　　　　Demo, takaidesu.

Unit 13　Compare your country and Japan.

d. テレビ terebi　　e. ファッション fasshon　　f. 道 michi
j. 男女 danjo　　k. 家 ie　　l. マンガ manga

 Q5 下の□□から言葉を選んで、128ページの①〜⑰の（　）に書きましょう。
Select words from the □ below and fill in the respective (　) for ① ~ ⑰ on page 128.

ア. 狭いです semaidesu　　イ. 多いです ooidesu　　ウ. 暖かいです atatakaidesu　　エ. きれいです kireedesu

オ. 安いです yasuidesu　　カ. 親切です shinsetsudesu　　キ. 寒いです samuidesu　　ク. 広いです hiroidesu

ケ. 暑いです atsuidesu　　コ. 高いです takaidesu　　サ. 少ないです sukunaidesu　　シ. 涼しいです suzushiidesu

ス. かわいいです kawaiidesu　　セ. おいしいです oishiidesu　　ソ. おもしろいです omoshiroidesu

タ. かっこいいです kakkoiidesu　　チ. つまらないです tsumaranaidesu

 Q6 あなたの国のものと比べてみましょう。
Compare with the things from your country.

日本の Nihon no　タクシー takushii　は wa　高いです takaidesu 。
でも、Demo、国の kuni no　タクシー takushii　は wa　安いです yasuidesu 。

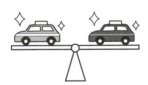

日本の Nihon no　タクシー takushii　も mo　きれいです kireedesu 。
国の Kuni no　タクシー takushii　も mo　きれいです kireedesu 。

Q7 違う国の友だちに聞きましょう。
Ask a friend from a different country.

A: 日本の 料理 と お国の 料理 と どちら が おいしいです か。
Nihon no ryoori to okuni no ryoori to dochira ga oishiidesu ka.

B: 国の 料理 の ほう が おいしいです 。
Kuni no ryoori no hoo ga oishiidesu.

C: どちらも おいしいです 。
Dochira mo oishiidesu.

		Bさん Bsan (タイ Tai)		＿＿＿さん (　　　　)		＿＿＿さん (　　　　)		＿＿＿さん (　　　　)	
		お国 okuni	日本 Nihon	お国 okuni	日本 Nihon	お国 okuni	日本 Nihon	お国 okuni	日本 Nihon
料理 ryoori	おいしい oishii	○							

国の 料理 は 辛いです 。
Kuni no ryoori wa karaidesu.

でも、日本の 料理 は 辛くありません 。
Demo, Nihon no ryoori wa karakuarimasen.

Unit 13　*Compare your country and Japan.*

Language Focus

A: 日本の 電車 は どうですか。
Nihon no densha **wa doo**desu ka.
— 名詞 Noun

B: (日本の 電車は) きれいです。 **そして、** 速いです。
(Nihon no densha wa) kireedesu. **Soshite,** hayaidesu.

きれいです。 **でも、** 高いです。
kireedesu. **Demo,** takaidesu.

A: How are the trains in Japan?

B: (The trains in Japan are)
  Clean. They are also fast.
  Clean. But they are expensive.

日本の タクシー**は** 高いです。 **でも、** 国の タクシー**は** 安いです。
Nihon no takushii **wa** takaidesu. **Demo,** kuni no takushii **wa** yasuidesu.

Taxis are expensive in Japan. However, taxis are cheap in my country.

日本の タクシー**も** きれいです。 国の タクシー**も** きれいです。
Nihon no takushii **mo** kireedesu. Kuni no takushii **mo** kireedesu.

Taxis in Japan are also clean. Taxis in my country are also clean.

A: 日本の 料理 と お国の 料理 と **どちら**が おいしいですか。
Nihon no ryoori **to** okuni no ryoori **to dochira ga** oishiidesu ka.
— 名詞1 Noun1   名詞2 Noun2

B: 国の 料理 の ほう が おいしいです。
Kuni no ryoori **no hoo ga** oishiidesu.
— 名詞1/名詞2 Noun1/Noun2

どちらも おいしいです。
Dochira mo oishiidesu.

A: Which is more delicious—the food in Japan or the food in your country?

B: The food in my country is more delicious.
  Both are delicious.

Compare your country and Japan. **Unit 13**

Try It Out

A：Bさんは、いつ 日本へ 来ましたか。
Bsan wa, itsu Nihon e kimashita ka.

B：先週、来ました。
Senshuu, kimashita.

A：先週ですか。日本の 生活は どうですか。
Senshuudesu ka. Nihon no seekatsu wa doodesu ka.

B：少し 忙しいです。でも、楽しいです。
Sukoshi isogashiidesu. Demo, tanoshiidesu.

A：そうですか。日本の 生活に 慣れましたか。
Soodesu ka. Nihon no seekatsu ni naremashita ka.

B：はい、だいぶ 慣れました。
Hai, daibu naremashita.

A：日本の 食べ物は どうですか。
Nihon no tabemono wa doodesu ka.

B：おいしいです。特に、おすしが おいしいです。
Oishiidesu. Tokuni, osushi ga oishiidesu.
国でも 時々 食べますけど、やっぱり 日本の ほうが おいしいです。
Kuni demo tokidoki tabemasu kedo, yappari Nihon no hoo ga oishiidesu.

A：そうですか。値段は どうですか。
Soodesu ka. Nedan wa doodesu ka.
日本の おすしと フランスの おすしと どちらが 高いですか。
Nihon no osushi to Furansu no osushi to dochira ga takaidesu ka.

B：フランスの ほうが 高いです。
Furansu no hoo ga takaidesu.

A：そうですか。じゃあ、日本で たくさん 食べて くださいね。
Soodesu ka. Jaa, Nihon de takusan tabete kudasai ne.

Unit 13 *Compare your country and Japan.*

Let'S Talk

質問に答えましょう。
Answer the questions.

① _____

② _____

③ _____

④ _____

⑤ _____

Unit 14 スポーツを見るのが好きです。
Supootsu o miru no ga sukidesu.
I like to watch sports.

Let's Try!!

Q1 暇なとき、何をしますか。
What do you do in your free time?

①
(　　)

②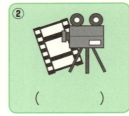
(　　)

③
(　　)

④
(　　)

⑤
(　　)

⑥
(　　)

⑦
(　　)

⑧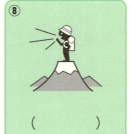
(　　)

⑨
(　　)

⑩
(　　)

⑪
(　　)

⑫
(　　)

⑬
(　　)

⑭
(　　)

⑮
(　　)

Unit 14　Talk about what you like.

好きなことを話す Talk about what you like.

134ページの①～⑮の言葉をa～oから選んで、（　）に書きましょう。
Select from a ~ o for ① ~ ⑮ on page 134, and fill in the respective (　).

a. 旅行 ryokoo
b. 映画 eega
c. 釣り tsuri
d. 絵 e
e. 写真 shashin
f. 本 hon
g. 料理 ryoori
h. スポーツ supootsu
i. 音楽 ongaku
j. 山 yama
k. ダンス dansu
l. ゲーム geemu
m. フィギュア figyua
n. 楽器 gakki
o. ダイビング daibingu

  何が好きですか。ペアで話しましょう。
What do you like? Converse in pairs.

スポーツ が 好きです。
Supootsu ga sukidesu.

スポーツ を 見る の が 好きです。
Supootsu o miru no ga sukidesu.

する suru　弾く hiku　見る miru　書く kaku／描く kaku　撮る toru　作る tsukuru　聞く kiku
読む yomu　歌う utau　話す hanasu　乗る noru　集める atsumeru　登る noboru

下の◯には何が入りますか。下の◻︎から言葉を選んで、書きましょう。
同じ言葉を何度使ってもいいです。
What goes into each of the ◯ below? Select the appropriate words from the ◻︎ below, and fill in the circles. You may use each word more than once.

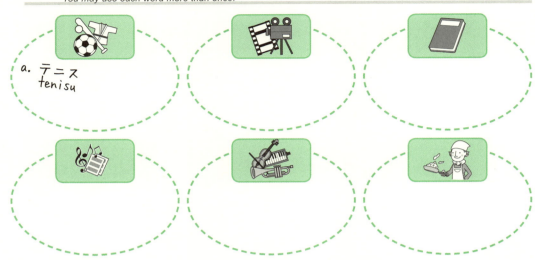

a. テニス tenisu	b. ロック rokku	c. ケーキ keeki	d. 小説 shoosetsu	e. ピアノ piano
f. デザート dezaato	g. クラシック kurashikku	h. アニメ anime	i. ポップス poppusu	
j. マンガ manga	k. ギター gitaa	l. ホラー horaa	m. ミステリー misuterii	n. 柔道 juudoo
o. 野球 yakyuu				

* 他に何がありますか。書きましょう。
What other things are there? Write down any other words that you know.

 ペアで話しましょう。
Converse in pairs.

どんな スポーツ が 好きですか。
Don'na supootsu ga sukidesu ka.

テニス が 好きです。
Tenisu ga sukidesu.

Q5 ペアで話しましょう。
Converse in pairs.

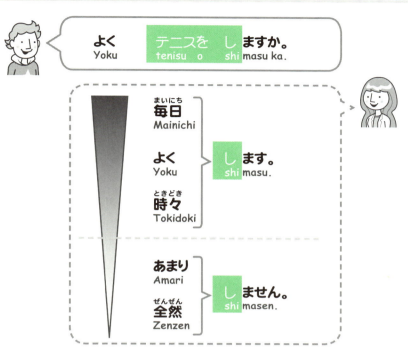

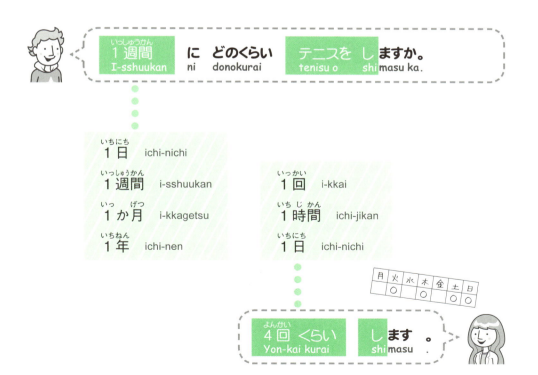

Talk about what you like. Unit 14

Q6

何^{なに}が好^すきですか。たくさん書^かいて、ペアで話^{はな}しましょう。
What do you like? Write many words below, and converse in pairs.

ex.
いぬ　きもの
inu　kimono
アクセサリー
akusesarii　およぐ
　　　　　　oyogu
キャンプ
kyampu

A: アクセサリーを 作^{つく}る の が 好^すきです。
　　Akusesarii o tsukuru no　ga sukidesu.

B: へえ。どんな アクセサリーを 作^{つく}ります か。
　　Hee. Don'na　akusesarii o tsukurimasu　ka.

Q7

自分^{じぶん}のプロフィールを書^かいて、ペアで話^{はな}しましょう。
Complete your own profile, and converse in pairs.

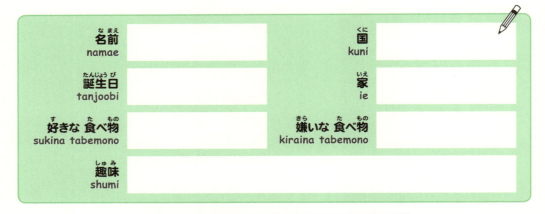

名前^{なまえ} namae		国^{くに} kuni	
誕生日^{たんじょうび} tanjoobi		家^{いえ} ie	
好^すきな 食^たべ物^{もの} sukina tabemono		嫌^{きら}いな 食^たべ物^{もの} kiraina tabemono	
趣味^{しゅみ} shumi			

A: 趣味^{しゅみ} は 何^{なん} ですか。
　　Shumi wa　nan　desu ka.

B: 料理^{りょうり}を する こと です。
　　Ryoori o suru koto　desu.

138　Unit 14　Talk about what you like.

Language Focus

スポーツ　が　好きです。 Supootsu　ga　sukidesu. 　└ 名詞 Noun		I like sports.
スポーツを　見る　の　が　好きです。 Supootsu o　miru　no ga　sukidesu. 　　　　└ 動詞（辞書形） Verb (Dictionary form) (→ p.9)		I like to watch sports.

A:	どんな　スポーツ　が　好きですか。 Don'na　supootsu　ga　sukidesu ka. 　　　　└ 名詞 Noun		A: What kind of sports do you like?
B:	テニス　が　好きです。 Tenisu　ga　sukidesu. └ 名詞 Noun		B: I like tennis.

毎日、　Mainichi,　 ┐
よく、　Yoku,　　 ├ テニスを　します。　　I play tennis　every day. / often. / sometimes.
時々、　Tokidoki, ┘　tenisu o　shimasu.

· ·

あまり、Amari,　┐
　　　　　　　　├ テニスを　しません。　　I do not play tennis　frequently. / at all.
全然、　Zenzen,┘　tenisu o　shimasen.

Talk about what you like.　Unit 14

Try It Out

A：Bさん、趣味は 何ですか。
Bsan, shumi wa nandesu ka.

B：スポーツを する ことです。
Supootsu o suru kotodesu.

A：どんな スポーツが 好きですか。
Don'na supootsu ga sukidesu ka.

B：サッカーとか 野球とか……。
Sakkaa toka yakyuu toka……

A：私も サッカーが 好きです。
Watashi mo sakkaa ga sukidesu.

じゃあ、昨日、サッカーの ワールドカップを 見ましたか。
Jaa, kinoo, sakkaa no waarudokappu o mimashita ka.

B：はい！　日本が 勝ちましたね。
Hai!　Nihon ga kachimashita ne.

A：よく サッカーを しますか。
Yoku sakkaa o shimasu ka.

B：いいえ、全然 しません。でも、見る のが 好きです。
Iie, zenzen shimasen.　Demo, miru no ga sukidesu.

A：そうですか。
Soodesu ka.

じゃあ、今度、いっしょに サッカーを 見に 行きませんか。
Jaa, kondo, isshoni sakkaa o mini ikimasen ka.

Let's Talk

🦻 質問(しつもん)に答(こた)えましょう。
Answer the questions.

① _____

② 〈①が「はい」の人(ひと) For those who answered "Yes" in ①.〉
_____

③ _____

④ 〈③が「はい」の人(ひと) For those who answered "Yes" in ③.〉
_____

⑤ _____

Unit 15 どうやって行ったらいいですか。
Dooyatte ittara iidesu ka.
How can I get there?

Let's Try!!

Q1 有名な場所です。名前がわかりますか。ペアで話しましょう。
These are famous places. Do you know the names of these places? Converse in pairs.

A: これ (Kore) は どこですか。 wa dokodesu ka.
B: 高尾山 (Takaosan) です。 desu.

A: 高尾山 (Takaosan) は どこ に ありますか。 wa doko ni arimasu ka.
B: 八王子市 (Hachiooji-shi) に あります。 ni arimasu.

Unit 15 Ask for directions.

行き方を聞く Ask for directions.

Q2 ペアで話しましょう。
Converse in pairs.

A: 高尾山 へ 行きましたか。
　　Takaosan　e ikimashita ka.

B: ☺ はい、行きました。
　　Hai, ikimashita.

　 ☹ いいえ、まだです。
　　Iie, madadesu.

A: 何　　で 行きましたか。
　　Nani　de ikimashita ka.

B: 電車　で 行きました。
　　Densha　de ikimashita.

①  ( )　②  ( )　③  ( )

④  ( )　⑤  ( )　⑥
　　　　　　　　　　　　　　　　　　　　　　　　　★歩いて aruite

上の①〜⑤の言葉をa〜eから選んで、( )に書きましょう。
Select from a ~ e for ① ~ ⑤ above, and fill in the respective ( ).

a. 船　　b. 自転車　　c. 車　　d. 電車　　e. 飛行機
　 fune　　 jitensha　　 kuruma　 densha　　 hikooki

Ask for directions.　Unit 15　**145**

Q3 駅で行き方を聞いてみましょう。
Ask for directions at the station.

A：あのう、すみません。
Anoo, sumimasen.

新宿（Shinjuku）へ 行きたいんですが、どうやって 行ったら いいですか。
e ikitaindesu ga, dooyatte ittara iidesu ka.

B：秋葉原（Akihabara）から 総武線（Soobu-sen）で 新宿（Shinjuku）まで 行きます。
kara　de　made ikimasu.

新宿（Shinjuku）で 降りて ください。
de orite kudasai.

A：ありがとうございます。
Arigatoogozaimasu.

山手線 Yamanote-sen
池袋 Ikebukuro
四谷 Yotsuya
御茶ノ水 Ochanomizu
秋葉原 Akihabara
新宿 Shinjuku
総武線 Soobu-sen
東京 Tookyoo
渋谷 Shibuya
品川 Shinagawa

146　Unit 15　Ask for directions.

Q4 駅で行き方を聞いてみましょう。
Ask for directions at the station.

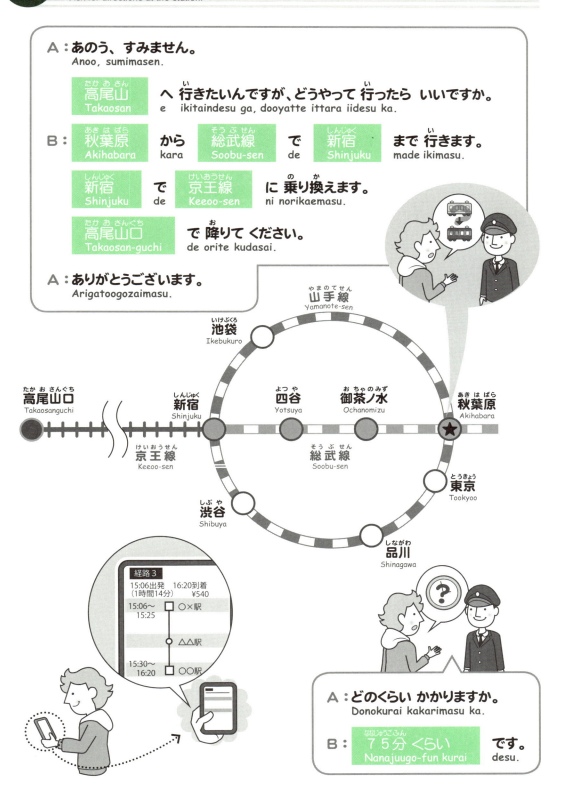

Ask for directions. Unit 15

Q5 ペアで練習しましょう。
Practice in pairs.

【Task Card A】

148　Unit 15　Ask for directions.

あのう、すみません。
Anoo, sumimasen.

_____ へ 行きたいんですが、どうやって 行ったら いいですか。
e ikitaindesu ga, dooyatte ittara iindesu ka.

【Task Card B】

①

②

Ask for directions. Unit 15

Language Focus

A: これは どこ ですか。
　　Kore wa doko desu ka.

B: 高尾山 です。
　　Takaosan desu.
　　　　└ 名詞 Noun

A: Where is this?

B: Takaosan.

高尾山は 八王子市 に あります。
Takaosan wa Hachiooji-shi ni arimasu.
　　　　　　　└ 場所 Place

Takaosan is in Hachioji City.

バス で 京都 へ 行きました。
Basu de Kyooto e ikimashita.
└ 乗り物 Conveyance　└ 場所 Place

I went to Kyoto by bus.

新宿 から 秋葉原 まで 電車で 行きました。
Shinjuku kara Akihabara made densha de ikimashita.
└ 場所1 Noun1　└ 場所2 Noun2

I went by train from Shinjuku to Akihabara.

（総武線から） 山手線 に 乗り換えます。
(Soobu-sen kara) Yamanote-sen ni narikaemasu.
　　　　　　　　└ 乗り物／路線 Conveyance/Train line

Transfer to the Yamanote Line (from the Sobu Line).

新宿 で 降ります。
Shinjuku de orimasu.
└ 場所 Place

Alight at Shinjuku.

Unit 15　Ask for directions.

Try It Out

A: 写真ですか。わあ！ これは どこですか。
Shashindesu ka. Waa! Kore wa dokodesu ka.

B: 高尾山です。
Takaosandesu.

A: へえ、た・か・お・さ・ん？ どこに ありますか。
Hee, TA, KA, O, SA, N? Doko ni arimasu ka.

B: 八王子市に あります。東京の 西の ほうです。
Hachiooji-shi ni arimasu. Tookyoo no nishi no hoodesu.

A: 何で 行きましたか。
Nani de ikimashita ka.

B: 電車で 行きました。
Densha de ikimashita.

A: いいですね。私も 山が 大好きです。
Iidesu ne. Watashi mo yama ga daisukidesu.

そこへ 行きたいんですが、どうやって 行ったら いいですか。
Soko e ikitaindesu ga, dooyatte ittara iidesu ka.

B: 秋葉原から 総武線で 新宿まで 行きます。
Akihabara kara Soobu-sen de Shinjuku made ikimasu.

新宿で 京王線に 乗り換えます。
Sinjuku de Keeoo-sen ni norikaemasu.

A: 京王線ですね。
Keeoo-sendesu ne.

B: はい。高尾山口で 降りて ください。
Hai. Takaosanguchi de orite kudasai.

A: はい。どのくらい かかりますか。
Hai. Donokurai kakarimasu ka.

B: そうですね。1時間くらいですよ。
Soodesu ne. Ichi-jikan kuraidesu yo.

A: そうですか。あまり、遠くありませんね。
Soodesu ka. Amari, tookuarimasen ne.

じゃあ、今週の 土曜日に 行きます。ありがとうございました。
Jaa, konshuu no doyoobi ni ikimasu. Arigatoogozaimashita.

Ask for directions. Unit 15

Let'S Talk

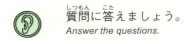
質問に答えましょう。
Answer the questions.

① _____

② _____

③ _____

④ _____

⑤ _____

⑥ _____

「Try It Out」英語翻訳
English translation

【Unit 01】

A: What will you do next weekend?

B: I will go to Shibuya on Saturday.

A: Shibuya? Who will you go with?

B: I will go by myself.

A: I see. What will you do in Shibuya?

B: I will buy a birthday present for my friend.

A: Oh, really? What will you buy?

B: I don't know yet.

A: I see. I went to Shibuya last Sunday.

B: Did you go to Shibuya too? Who did you go with?

A: I went with my colleague.

B: I see. What did you do in Shibuya?

A: I had dinner. After that, I went for a drink at Japanese-style pub.

B: That's great. At about what time did you return home?

A: Hmm… I returned home at about 11 p.m.

B: I see.

【Unit 02】

A: B-san, how many people are there in your family?

B: There are six people in my family—my father, mother, older sister, two younger brothers, and myself.

A: I see.

B: Ah, this is a photo of my parents.

A: Wow, your father is good-looking!

B: Really?

A: Yes. Where does your family live?

B: My parents and younger brothers live in Moscow in Russia.

A: I see. Where does your older sister live?

B: She lives in Tokyo.

A: In Tokyo? What does she work as?

B: She is a company employee. She works in an automobile company.

A: I see. Are your younger brothers high school students?

B: No, they are not high school students. They are both college students.

A: I see.

【Unit 03】

(Looking at a photo)

A: This person is adorable. She looks like you. Is she your older sister?

B: No, she is not my older sister. She is my friend, Sachiko.

A: Really? She has big eyes. She is very pretty. Where does she live?

B: She lives in France.

A: That is far away. What does she do?

B: She is a model.

A: In that case, is she tall?

B: No, she is not tall.

A: Really? But she is a model, isn't she?

B: Yes, she is a hair model.

A: Ah, I see. She has long hair, and it is very beautiful.

【Unit 04】

A: B-san, do you like sushi?

B: Yes, I do.

A: Then shall we go to eat sushi together?

B: Great! Let's do it. When shall we go?

A: How about Friday?

B: Friday? Friday may be a little inconvenient for me. Sorry. How about Saturday?

154 「Try It Out」 English translation

A: Saturday is good. What time shall we meet?

B: How about 6 p.m.?

A: Great. Where shall we meet?

B: How about Shibuya?

A: That's a good idea. So let's meet at 6 p.m. on Saturday at Shibuya.

B: Yes. See you!

【Unit 05】

A: I went to Hiroshima last week.

B: Is that so? That's great. What did you do in Hiroshima?

A: I visited the Hiroshima Peace Memorial. After that, I went to a famous shrine. It was in the sea.

B: Ah, that would be Miyajima.

A: Have you been there too?

B: No, I saw it in a guidebook. It is very beautiful, isn't it? I would like to go there too. A-san, did you eat *okonomiyaki* in Hiroshima?

A: No, I did not.

B: I see. Hiroshima is famous for its *okonomiyaki*.

A: Is that so? What a pity!

B: You can try *okonomiyaki* from Hiroshima at Shinjuku.

A: Really? I would like to do that. Shall we go together?

B: That's a good idea. Let's go now.

【Unit 06】

A: Do you like traveling?

B: Yes, I do.

A: Where did you travel to recently?

B: Recently? I went to Osaka recently.

A: Ah, I went to Osaka too.

B: Is that so? When did you go?

A: I went in February last year.

B: I see. I went last month.

A: Is that so? Who did you go with?

B: I went with my family.

A: That's great. How did you get there?

B: We traveled by bullet train. How about you?

A: I went by bus.

B: I see. Did you eat *okonomiyaki* in Osaka?

A: No, I did not.

B: Oh, I see. What did you do in Osaka?

A: I went shopping. I also visited Osaka Castle.

B: Really? Did you take many photos?

A: Yes, I did. Ah, here they are. Have a look.

【Unit 07】

(Speech style)

My home country is Japan.

The capital of Japan is Tokyo. I live in Akihabara in Tokyo.

Japan has a population of about 128 million people.

People speaks Japanese.

January is the coldest month in Japan.

August is the hottest month. In Tokyo, it reaches about 38 degrees.

In the spring, cherry blossoms are beautiful.

In June, there is much rain.

In the fall, mushrooms are delicious.

Japan is famous for Mount Fuji. Mount Fuji is very beautiful.

There are interesting anime in Japan.

I love anime.

Do come to Japan for a visit.

「*Try It Out*」 *English translation*

【Unit 08】

A: Where did you go yesterday?

B: I went to a café.

A: Is that so?

B: I went there the day before yesterday too.

A: Oh, the day before yesterday too?

B: Yes. I like the café called *"Soiree"* very much.

A: Really? Where is it?

B: It is in Akihabara.

A: In Akihabara? What kind of café is it?

B: It is new and very spacious.

A: I see. Why do you like it?

B: Because there is a piano, paintings, and other things.
There is also a large sofa.

A: Is that so? That's great.

B: Yes. I can really relax there.

【Unit 09】

A: About how many hours do you sleep every day?

B: Hmm… I sleep for about six hours. How about you?

A: I sleep for about eight hours. What time do you wake up every day?

B: I wake up at 5:30 a.m. every day.

A: 5:30 a.m.! That is early.

B: Is it? I go jogging every morning.

A: Every morning? Wow, that is amazing.

B: What time do you wake up?

A: I wake up at 7:30 a.m. Then, I go to school.

B: I see. From what time to what time do you study at school?

A: I study from 9:00 a.m. to 3:00 p.m.

B: I see. Where do you take lunch?

A: I have a lunchbox at school. But I sometimes eat at a restaurant.

B: I see.

(Converse with a friend.)

A: About how many hours do you sleep every day?

B: Hmm… about six hours. How about you?

A: I sleep for about eight hours. What time do you wake up every day?

B: I wake up at 5:30 a.m.

A: 5:30 a.m.! That's early.

B: Is it? I go jogging every morning.

A: Every morning? Wow, that is amazing.

B: What time do you wake up?

A: I wake up at 7:30 a.m. Then, I go to school.

B: I see. From what time to what time do you study at school?

A: From 9:00 a.m. to 3:00 p.m.

B: I see. Where do you take lunch?

A: I have a lunchbox at school. But I sometimes eat at a restaurant.

B: I see.

【Unit 10】

Salesperson: Welcome!
Would you like to take a look at this jacket?

Customer: Hmm… the color is not quite to my taste. Are there other colors?

Salesperson: Yes, please wait a moment.
…………
Sorry to have kept you waiting. How about this color?

Customer: Ah, that is good.
Could I try on that jacket?

Salesperson: Yes, of course.

....

Salesperson: How do you like it?

Customer: Hmm… the size is a little too small.

Do you have something a little bigger?

Salesperson: Yes, please wait a moment.

....

Salesperson: Sorry to have kept you waiting. Here it is.

Customer: Ah, thank you.

Salesperson: How is the size?

Customer: It is perfect. Could I have this please?

Salesperson: Certainly. Thank you.

【Unit 11】

A: Do you like sports?

B: Yes, I do.

A: What kind of sports do you like?

B: I like basketball.

A: Basketball? Do you play basketball often?

B: Yes, I play every Sunday.

I received basketball shoes from my father on my birthday this year.

A: Really? That's nice.

B: Do you like sports too?

A: Yes, I do.

B: What kind of sports do you like?

A: I like tennis very much.

B: I see.

A: Ah, I want a new tennis racket.

【Unit 12】

A: Where do you live?

B: I live in Ueno.

A: I see. Is it an apartment?

B: Yes, it is.

A: Is the area near your home quiet?

B: Yes, it is.

A: I see. Is there a convenience store near your home?

B: No, there isn't.

A: How about a supermarket?

B: No, there isn't.

A: I see. What places are there near your home?

B: Hmm… There is a *ramen* shop and a post-office.

A: Really? What kind of *ramen* shop?

B: It sells really delicious *ramen*. It is also cheap. Let's go there together next time.

A: That's a good idea. Let's do that.

【Unit 13】

A: When did you come to Japan?

B: I arrived last week.

A: Is that so? How is life in Japan?

B: I am a little busy, but it is enjoyable.

A: I see. Have you become accustomed to the life in Japan?

B: Yes, I have become mostly accustomed to life here.

A: How do you find Japanese food?

B: It is delicious. Sushi is particularly delicious. Although I also eat sushi in my home country sometimes, it is, as we expect, more delicious in Japan.

A: Is that so? How do you find the prices? Which is more expensive—sushi in Japan or

「Try It Out」 *English translation*

sushi in France?

B: It is more expensive in France.

A: Really? In that case, please have a lot of sushi in Japan.

A: Okay. About how long will it take?

B: Hmm, it takes about one hour.

A: Is that right? It is not very far.
Then, I will go there this Saturday. Thank you.

【Unit 14】

A: What is your hobby?

B: My hobby is playing sports.

A: What kind of sports do you like?

B: Soccer, baseball…

A: I like soccer too.
Did you watch the soccer World Cup match yesterday?

B: Yes! Japan won.

A: Do you play soccer often?

B: No, I don't play soccer at all. But I like to watch it.

A: Really? Then shall we go to watch soccer together next time?

【Unit 15】

A: Is that a photo? Wow! Where is this?

B: Takaosan.

A: Eh? Ta-ka-o-san? Where is it located?

B: It is in Hachioji City. It is in the west of Tokyo.

A: How did you go there?

B: I went there by train.

A: That's great. I love mountains too.
I would like to go to Takaosan, but how can I get there?

B: From Akihabara, take the Sobu Line to Shinjuku.
Transfer to the Keio Line at Shinjuku.

A: The Keio Line?

B: Yes. Alight at Takaosan-guchi.

「Let's Talk」質問と回答例
Questions and sample answers

【Unit 01】

① 先週の日曜日は、何をしましたか。 Senshuu no nichi-yoobi wa, nani o shimashita ka.
　　　ex. 新宿へ行きました。 Shinjuku e ikimashita.

② 先週の土曜日は、何を買いましたか。 Senshuu no do-yoobi wa, nani o kaimashita ka.
　　　ex. くつを買いました。 Kutsu o kaimashita.

③ 今週の土曜日は、何をしますか。 Konshuu no do-yoobi wa, nani o shimasu ka.
　　　ex. 日本語を勉強します。 Nihongo o benkyooshimasu.

④ 来週の日曜日は、何をしますか。 Raishuu no nichi-yoobi wa, nani o shimasu ka.
　　　ex. 友だちと横浜へ行きます。 Tomodachi to Yokohama e ikimasu.

【Unit 02】

① ご家族は何人ですか。 Gokazoku wa nan'nindesu ka.
　　　ex. 4人です。 Yo-nindesu.

② あなたはどこに住んでいますか。 Anata wa doko ni sunde imasu ka.
　　　ex. 東京に住んでいます。 Tookyoo ni sunde imasu.

③ ご家族はどこに住んでいますか。 Gokazoku wa doko ni sunde imasu ka.
　　　ex. バンコクに住んでいます。 Bankoku ni sunde imasu.

④ あなたのお仕事は？ Anata no oshigoto wa?
　　　ex. 学生です。 Gakuseedesu.

⑤ ご家族のお仕事は？ Gokazoku no oshigoto wa?
　　　ex. 父は会社員です。 Chichi wa kaishaindesu.

【Unit 03】

① あなたは背が高いですか。 Anata wa se ga takaidesu ka.
　　　ex. いいえ、あまり高くありません。 Iie, amari takakuarimasen.

② あなたは髪が長いですか。 Anata wa kami ga nagaidesu ka.
　　　ex. はい、（髪が）長いです。 Hai, (kami ga) nagaidesu.

③ あなたはひげがありますか。 Anata wa hige ga arimasu ka.
　　　ex. いいえ、ありません。 Iie, arimasen.

④ あなたは家族と似ていますか。 Anata wa kazoku to nite imasu ka.
　　　ex. はい、母と似ています。 Hai, haha to nite imasu.

⑤ あなたの好きな人はどんな人ですか。 Anata no sukina hito wa don'na hitodesu ka.
　　　ex. 目が細いです。髪が短いです。 Me ga hosoidesu. Kami ga mijikaidesu.
　　　　　とてもかっこいいです。 Totemo kakkoiidesu.

【Unit 04】

① 映画が好きですか。 Eega ga sukidesu ka.
　　　ex. はい、好きです。 Hai, sukidesu.

② 一緒に、映画を見に行きませんか。 Isshoni, eega o mini ikimasen ka.
　　　ex. いいですね。行きましょう。 Iidesu ne. Ikimashoo.

③ いつ行きましょうか。 Itsu ikimashoo ka.
　　　ex. 日曜日はどうですか。 Nichi-yoobi wa doodesu ka.

④ 何時に会いましょうか。 Nanji ni aimashoo ka.
　　　ex. １１時はどうですか。 Juuichi-ji wa doodesu ka.

⑤ どこで会いましょうか。 Doko de aimashoo ka.
　　　ex. 新宿駅はどうですか。 Shinjuku-eki wa doodesu ka.

【Unit 05】

① 日本のマンガを持っていますか。 Nihon no manga o motte imasu ka.
　　　ex. いいえ。日本のマンガがほしいです。 Iie. Nihon no manga ga hoshiidesu.

② 日本で、どこへ行きたいですか。 Nihon de, doko e ikitaidesu ka.
　　　ex. 箱根へ行きたいです。 Hakone e ikitaidesu.

③ そこで、何がしたいですか。 Soko de, nani ga shitaidesu ka.
　　　ex. 温泉に入りたいです。 Onsen ni hairitaidesu.

④ 日本で、何がほしいですか。 Nihon de, nani ga hoshiidesu ka.
　　　ex. アニメのフィギュアがほしいです。 Anime no figyua ga hoshiidesu.

⑤ それは、どこで買うことができますか。 Sore wa, doko de kau koto ga dekimasu ka.
　　　ex. 秋葉原で買うことができます。 Akihabara de kau koto ga dekimasu.

【Unit 06】

① 旅行が好きですか。 Ryokoo ga sukidesu ka.
　　　ex. はい、とても好きです。 Hai, totemo sukidesu.

② どこへ行きましたか。 Doko e ikimashita ka.
　　　ex. オーストリアとイタリアへ行きました。 Oosutoria to Itaria e ikimashita.

③ どうやって行きましたか。 Dooyatte ikimashita ka.
　　　ex. 飛行機と電車で行きました。 Hikooki to densha de ikimashita.

④ だれと行きましたか。 Dare to ikimashita ka.
　　　ex. 大学の友だちと行きました。 Daigaku no tomodachi to ikimashita.

⑤ いつ行きましたか。 Itsu ikimashita ka.
　　　ex. 去年の８月に行きました。 Kyo'nen no hachi-gatsu ni ikimashita.

「Let's Talk!」 Questions and sample answers

⑥そこで買い物をしましたか。 Soko de kaimono o shimashita ka.
　　　　ex. はい。かばんやくつなどを買いました。 Hai. Kaban ya kutsu nado o kaimashita.

⑦そこで泳ぎましたか。 Soko de oyogimashita ka.
　　　　ex. いいえ、泳ぎませんでした。 Iie, oyogimasendeshita.

⑧そこで何をしましたか。 Soko de nani o shimashita ka.
　　　　ex. 写真を撮りました。 Shashin o torimashita.

【Unit 07】

①あなたのお国の首都はどこですか。 Anata no okuni no shuto wa dokodesu ka.
　　　　ex. バンコクです。 Bankokudesu.

②あなたのお国の1月は寒いですか。 Anata no okuni no ichi-gatsu wa samuidesu ka.
　　　　ex. いいえ、寒くありません。暑いです。 Iie, samukuarimasen. Atsuidesu.

③あなたのお国は何月が一番暑いですか。 Anata no okuni wa nangatsu ga ichiban atsuidesu ka.
　　　　ex. 4月が一番暑いです。 Shi-gatsu ga ichiban atsuidesu.

④あなたのお国は何が有名ですか。 Anatano okuni wa nani ga yuumeedesu ka.
　　　　ex. ビーチが有名です。 Biichi ga yuumeedesu.
　　　　　　プーケットが有名です。 Puuketto ga yuumeedesu.
　　　　　　きれいです。そして、にぎやかです。 Kireedesu. Soshite, nigiyakadesu.

⑤あなたのお国は何がおいしいですか。 Anata no okuni wa nani ga oishiidesu ka.
　　　　ex. 果物がおいしいです。 Kudamono ga oishiidesu.

【Unit 08】

①あなたはどこが好きですか。 Anata wa doko ga sukidesu ka.
　　　　ex. プレゴという喫茶店が好きです。 Purego toiu kissaten ga sukidesu.

②そこはどんなところですか。 Soko wa don'na tokorodesu ka.
　　　　ex. 新しいです。そして、広いです。 Atarashiidesu. Soshite, hiroidesu.

③どこにありますか。 Doko ni arimasu ka.
　　　　ex. 秋葉原にあります。 Akihabara ni arimasu.

④どうしてそこが好きですか。 Dooshite soko ga sukidesu ka.
　　　　ex. 静かですから。 Shizukadesu kara.
　　　　　　そして、雑誌やマンガなどがありますから。
　　　　　　Soshite, zasshi ya manga nado ga arimasu kara.

【Unit 09】

①毎日、何時に寝ますか。 Mainichi, nanji ni nemasu ka.
　　ex. 毎日、12時ごろ寝ます。 Mainichi, juuni-ji goro nemasu.

②毎日、日本語を勉強しますか。 Mainichi, nihongo o benkyooshimasu ka.
　　ex. はい、毎日、勉強します。 Hai, mainichi, benkyooshimasu.

③どこで昼ご飯を食べますか。 Doko de hirugohan o tabemasu ka.
　　ex. 家で食べます。 Ie de tabemasu.
　　　　でも、時々、レストランで食べます。 Demo, tokidoki, resutoran de tabemasu.

④よく料理しますか。 Yoku ryoorishimasu ka.
　　ex. はい。1週間に5回くらいします。 Hai. I-sshuukan ni go-kai kurai shimasu.

⑤よく運動しますか。 Yoku undooshimasu ka.
　　ex. いいえ、全然（運動）しません。 Iie, zenzen (undoo)shimasen.

⑥毎日、何時間くらい寝ますか。 Mainichi, nanjikan kurai nemasu ka.
　　ex.（毎日、）6時間くらい寝ます。 (Mainichi,) roku-jikan kurai nemasu.

【Unit 10】

①この時計、値段が少し高いです。 Kono tokee, nedan ga sukoshi takaidesu.
　　ex. もっと安いのがありますか。 Motto yasui no ga arimasu ka.

②このジャケット、サイズが少し大きいです。 Kono jaketto, saizu ga sukoshi ookiidesu.
　　ex. もっと小さいのがありますか。 Motto chiisai no ga arimasu ka.

③このかさ、色がちょっと……。 Kono kasa, iro ga chotto......
　　ex. 他の色がありますか。 Hoka no iro ga arimasu ka.

④サイズはいかがですか。 Saizu wa ikagadesu ka.
　　ex. 少し小さいです。 Sukoshi chiisaidesu.
　　　　もっと大きいのがありますか。 Motto ookii no ga arimasu ka.

【Unit 11】

①誕生日はいつですか。 Tanjoobi wa itsudesu ka.
　　ex. 10月5日です。 Juu-gatsu itsukadesu.

②誕生日に何がほしいですか。 Tanjoobi ni nani ga hoshiidesu ka.
　　ex. カメラがほしいです。 Kamera ga hoshiidesu.

③友だちの誕生日はいつですか。 Tomodachi no tanjoobi wa itsudesu ka.
　　ex. 9月23日です。 Ku-gatsu nijuusan-nichidesu.

④友だちの誕生日に何をしましたか。 Tomodachi no tanjoobi ni nani o shimashita ka.
　　ex. いっしょにすしを食べに行きました。 Isshoni sushi o tabeni ikimashita.
　　　　そして、友だちに花をあげました。 Soshite, tomodachi ni hana o agemashita.

「*Let's Talk!*」 *Questions and sample answers*

⑤ スポーツが好きですか。 Supootsu ga sukidesu ka.
    ex. はい、好きです。 Hai, sukidesu.

⑥ どんな食べ物が好きですか。 Don'na tabemono ga skidesu ka.
    ex. 日本料理が好きです。 Nihonryoori ga sukidesu.
        すしやそばなどが好きです。 Sushi ya soba nado ga sukidesu.

【Unit 12】

① どこに住んでいますか。 Doko ni sunde imasu ka.
    ex. 東京の台東区に住んでいます。 Tookyoo no taitoo-ku ni sunde imasu.

② マンションですか。 Manshondesu ka.
    ex. いいえ、アパートです。 Iie, apaatodesu.

③ 家の近くに何がありますか。 Ie no chikaku ni nani ga arimasu ka.
    ex. 公園とカフェがあります。 Kooen to kafe ga arimasu.

④ 家の近くは静かですか。 Ie no chikaku wa shizukadesu ka.
    ex. いいえ、にぎやかです。 Iie, nigiyakadesu.

⑤ 家の近くにスーパーがありますか。 Ie no chikaku ni suupaa ga arimasu ka.
    ex. はい、あります。 Hai, arimasu.

⑥ 家の近くに銀行がありますか。 Ie no chikaku ni ginkoo ga arimasu ka.
    ex. いいえ、ありません。 Iie, arimasen.

⑦ お国の家の近くに何がありますか。 Okuni no ie no chikaku ni nani ga arimasu ka.
    ex. 病院や郵便局や銀行などがあります。 Byooin ya yuubinkyoku ya ginkoo nado ga arimasu.

【Unit 13】

① 日本の生活に慣れましたか。 Nihon no seekatsu ni naremashita ka.
    ex. いいえ、まだです。 Iie, madadesu.

② 日本の生活はどうですか。 Nihon no seekatsu wa doodesu ka.
    ex. 忙しいです。でも、おもしろいです。 Isogashiidesu. Demo, omoshiroidesu.

③ 日本の店員はどうですか。 Nihon no ten'in wa doodesu ka.
    ex. 親切です。 Shinsetsudesu.

④ 日本の家とお国の家とどちらが広いですか。 Nihon no ie to okuni no ie to dochira ga hiroidesu ka.
    ex. 国の家のほうが広いです。 Kuni no ie no hoo ga hiroidesu.

⑤ お国のタクシーと日本のタクシーとどちらが高いですか。
    Okuni no takushii to nihon no takushii to dochira ga takaidesu ka.
    ex. 日本のタクシーのほうが高いです。 Nihon no takushii no hoo ga takaidesu.
        でも、日本のタクシーはきれいです。 Demo, nihon no takushii wa kireedesu.

「Let's Talk!」 Questions and sample answers

【Unit 14】

① スポーツが好きですか。 Supootsu ga sukidesu ka.
  ex. はい、好きです。 Hai, sukidesu.
    スポーツを見るのが好きです。 Supootsu o miru no ga sukidesu.

② 〈①が「はい」の人 For those who answered "Yes" in ①.〉
 よくスポーツをしますか。 Yoku supootsu o shimasu ka.
  ex. 時々します。 Tokidoki shimasu.

③ 映画を見るのが好きですか。 Eega o miru no ga sukidesu ka.
  ex. はい、好きです。 Hai, sukidesu.

④ 〈③が「はい」の人 For those who answered "Yes" in ③.〉
 どんな映画が好きですか。 Don'na eega ga sukidesu ka.
  ex. コメディーやアクションなどが好きです。 Komedii ya akushon nado ga sukidesu.

⑤ 趣味は何ですか。 Shumi wa nandesu ka.
  ex. 写真を撮ることです。 Shashin o toru kotodesu.
    よく猫の写真を撮ります。 Yoku neko no shashin o torimasu.

【Unit 15】

① 富士山はどこにありますか。 Fujisan wa doko ni arimasu ka.
  ex. 静岡県にあります。 Shizuoka-ken ni arimasu.
    山梨県にあります。 Yamanashi-ken ni arimasu.

② 富士山へ行きましたか。 Fujisan e ikimashita ka.
  ex. いいえ、まだです。 Iie, madadesu.

③ 週末、どこへ行きましたか。 Shuumatsu, doko e ikimashita ka.
  ex. 渋谷へ行きました。 Shibuya e ikimashita.

④ 何で行きましたか。 Nani de ikimashita ka.
  ex. 電車で行きました。 Densha de ikimashita.

⑤ あなたのうちへ行きたいんですが、学校からどうやって行ったらいいですか。
Anatano uchi e ikitaindesu ga, gakkoo kara dooyatte ittara iidesu ka.
  ex. 秋葉原から総武線で新宿まで行きます。 Akihabara kara Soobu-sen de Shinjuku made ikimasu.
    新宿で京王線に乗り換えます。 Shinjuku de Keeoo-sen ni norikaemasu.
    明大前駅で降りてください。 Meedaimae-eki de orite kudasai.

⑥ あなたのうちから学校までどのくらいかかりますか。
Anata no uchi kara gakkoo made dono kurai kakarimasu ka.
  ex. 30分くらいです。 Sanju-ppun kuraidesu.

Let's Talk! Questions and sample answers

協力：インターカルト日本語学校ウィークリーコースの先生方
　　　インターカルト日本語学校の学生のみなさん
　　　ZOLOTUKHINA DARIA さん

WEEKLY J for Starters 1

日本語(にほんご)に挑戦(ちょうせん)！
DIVE INTO JAPANESE LANGUAGE

2015 年　2 月　2 日	初版第 1 刷発行
2023 年　5 月 10 日	初版第 3 刷発行

監　　修　　加藤早苗（インターカルト日本語学校）
著　　者　　秋山信子（インターカルト日本語学校）
　　　　　　坂本　舞（インターカルト日本語学校）
　　　　　　URL　http://www.incul.com/
発　　行　　株式会社　凡人社
　　　　　　〒102-0093　東京都千代田区平河町 1-3-13
　　　　　　電話　03-3263-3959
　　　　　　URL　http://www.bonjinsha.com/
イラスト　　本間昭文
装丁デザイン　株式会社ストーンラブクリエイト
印刷・製本　倉敷印刷株式会社

ISBN 978-4-89358-881-4
©2015 KATO Sanae, AKIYAMA Nobuko, SAKAMOTO Mai
Printed In Japan
定価はカバーに表示してあります。
落丁・乱丁本はお取り替えいたします。
本書の一部あるいは全部について著作者から文書による承諾を得ずに、いかなる方法においても、無断で転載・複写・複製することは法律で固く禁じられています。